Jakob Derbolowsky

Wodurch wurde ich,
wie ich bin?

Erfahrungen in jungen Jahren –
Auswirkungen und Auflösungen

Psychopädica

© Copyright 2012 Dr. Jakob Derbolowsky

Herstellung: Books on Demand GmbH, Norderstedt, Germany
Verlag: Psychopädica Verlag Germering, www.psychopaedica.de

Alle Rechte vorbehalten.
Das Werk einschließlich aller Teile ist urheberrechtlich geschützt. Jede Verwendung außerhalb der engen Grenzen des Urheberrechtsgesetzes ist ohne Zustimmung des Verlages unzulässig und strafbar. Dies gilt insbesondere für Vervielfältigungen, Übersetzungen, Mikroverfilmungen und für die Einspeicherung und Verarbeitung in elektronischen Medien.

Die Deutsche Bibliothek – CIP Einheitsaufnahme:
Derbolowsky, Jakob: Wodurch wurde ich, wie ich bin? Psychopädica Germering, 2012
Bibliografische Information der Deutschen Nationalbibliothek:
Die Deutsche Nationalbibliothek verzeichnet diese Publikation in der Deutschen Nationalbibliografie; detaillierte bibliografische Daten sind im Internet über http://dnb.dnb.de abrufbar.

2. Auflage, Psychopädica/BoD, Germering, 2013

ISBN: 978-3-933400-19-2

Inhalt

Zum Buch 6
Danksagung 10
Einführung 11
„Bedingte Liebe" als Ursache von Angst 18
Ordnungsliebe und Ordnungszwang 24
Mein Kind mag zu Hause nicht mithelfen 31
Zum Trotz 39
Warum lügst du immer? 47
Ein großes Problem: Erröten 54
Ungerechtigkeit: Das Tintenfass 59
Die Geschwister leben wie Hund und Katze 63
Angstträume 69
Angst vor Klassenarbeiten/Prüfungen 76
Mobbing oder „Er quält ihn immer" 84
Kindgerecht praktizierte Psychopädie in einer
Vorschulkindergruppe 91
Die Pubertät aus psychopädischer Sicht 109
Dornröschen oder Sexualität im Licht der Pubertät .. 120
Rechte und Pflichten der Eltern und der Kinder 130
Fall: Ein Kind mit einer Essstörung 151
Aggressionen und Gewalt in der Schule 188
Frühkindliche Informationsgewinnung im Hinblick auf die
Herkunft des Bösen 205
Vorsicht bei Kinderbüchern 211
Zur Autorität in der Familie 219
Die Psychopädie nach Dr. Udo Derbolowsky® 224
Literaturhinweise 233

Zum Buch

Die Frage nach dem, wie ich so geworden bin, wie ich heute bin, und woher manches Verhalten und mein Verständnis von vielen Dingen und Abläufen kommen und wie ich es eventuell ändern kann, beschäftigt mich ganz persönlich schon lange. Dazu gehört die Frage nach Möglichkeiten, das eine oder andere zu korrigieren. Erfreulicherweise gehörte es bereits zu meiner psychotherapeutischen Ausbildung, mich in Lehranalysen und in Selbsterfahrungsgruppen zu hinterfragen und bei mir nach solchen Zusammenhängen zu forschen. In meiner späteren Funktion als Psychotherapeut und Helfer bei der Lebensbewältigung gehört es zum Handwerkszeug, möglichst viel über solche Zusammenhänge zu wissen. Dieses Buch enthält dazu einige Erklärungen und Informationen. Damit soll es Ihnen ermöglicht werden, sich selbst ein Stück weit besser zu verstehen und zu eigenen Lösungen eventuell bestehender eigener Probleme zu kommen.

Die im Buch zusammengestellten Lehrgeschichten sind mir in meiner beratenden und meiner psychotherapeutischen Arbeit sehr hilfreich. Sie stammen im Wesentlichen aus der langjährigen Praxis meines Vaters, des erfahrenen Psychoanalytikers und Arztes Udo Derbolowsky (1920–2005). Er hatte es als seine Lebensaufgabe angesehen, komplizierte seelische Sachverhalte so klar und einfach darzustellen, dass sie möglichst vielen Menschen verständlich und damit nutzbar werden. Er bediente sich dafür gern kleiner Geschichten, die er aus dem alltäglichen Leben aufgegriffen hatte. Sie sind, auch wenn sie aus der Vergangenheit stammen, von erstaunlicher Aktualität. In meinem eigenen Leben und meiner Tätigkeit habe ich vielfach erfahren dürfen, wie sehr diese lebendigen und bildhaften Geschichten Menschen helfen, problematische Erziehungssituationen und deren Folgen für sich und beiläufig auch für die Begleitung der eigenen Kinder zu verstehen und Fallen und irreführende Mechanismen zu durchschauen, ohne in Schuldzuweisungen zu verfallen. Mit dem so gewonnenen „Durchblick" finden Betroffene oft sogar ohne weitere Hilfe durch Fachleute heraus, wie sie Fehlinformationen und eigene falsche Schlussfolgerungen korrigieren und so besser, gelassener und gesünder ihre Schwierigkeiten angehen und bewältigen können. Die Geschichten tragen auch dazu bei, eigene problematische Lebensmuster und ihre Entstehung zu erkennen als ein erster hilfreicher Schritt, die eigene seelische Gesundheit zu stärken.

Wenig sinnvoll erscheint es mir, Sie darüber hinausgehend mit Ratschlägen und Rezepten für Ihr richtiges Verhalten und Ihren richtigen Umgang zu belehren oder gar zu überhäufen. Solche verführen eher dazu, das eigene Verhalten nur vom Kopf her zu erkennen und zu steuern. Dabei wird das eigene „Herz" vernachlässigt, so dass es zum Verlust von Authentizität und zu verklemmtem Verhalten kommt. Zusätzlich können Unfähigkeits-, Versagens- und Schuldgefühle auftreten und verstärkt werden. Ich bin überzeugt, dass viele Ratschläge eher verunsichern, als dass sie das Vertrauen in die eigenen Fähigkeiten stärken, selbst zu passenden Lösungen zu kommen. Versehen mit den notwendigen Informationen bleibt es Ihnen, liebe Leserinnen und Leser, überlassen, mit dem hinzugewonnenen Durchblick zu einem zu Ihnen passenden und gesunden Verhalten zu gelangen. Jeder Mensch ist einzigartig! Deshalb ist der Umgang mit sich und ebenso jedes Miteinander unterschiedlich zu gestalten.

Die Zusammenstellung verschiedener Episoden aus dem Alltag wurde soweit möglich sortiert nach dem Lebensalter, in dem sie sich abgespielt haben. Da sich die Folgen im Erwachsenen in ganz unterschiedlichen Lebensabschnitten zeigen, wurden die Kapitel so gestaltet, dass jedes für sich allein steht. So ist es gut möglich, mit irgendeinem Kapitel zu beginnen oder sich zunächst dasjenige herauszupicken, das Sie am meisten interessiert, und später die anderen zu lesen. Das Buch ist so aufgebaut wie ein Blumenstrauß: Jede einzelne Blüte kann für sich allein herausgepickt werden.

Zu den Lehrgeschichten wurden einzelne wiederum in sich eigenständige Kapitel und Aufsätze hinzugefügt, die sich mit allgemeinen, unserem Verhalten zugrunde liegenden Prozessen befassen, die vergleichbar einer Leitlinie hinter den Geschichten durchschimmern.

Wie die Aufarbeitung einer Problematik im Verlauf einer psychotherapeutischen Behandlung erfolgt, wird am Beispiel einer Essstörung beschrieben.

Erwähnen möchte ich noch einen wichtigen Aspekt: wie wenig Einblick und Verständnis wir normalerweise in die Welt der jeweils anderen und in altersbedingte Verhaltens- und Reaktionsmuster haben, also auch in das Geschehen zwischen Erwachsenen und Kindern. Eine unangenehme Folge davon ist, dass wir es als Erwachsene zwar meist gut meinen mit dem, was wir sagen und tun. Das ist aber keinesfalls gleichzusetzen damit, dass es auch wirklich gut ist. Unbewusst setzen wir in den ersten Lebensjahren der Kinder Keime, deren Früchte sich erst im Erwachsenenleben entfalten. Diese sind dann später für Verhalten und Fehlverhalten ursächlich, welche bei der Bewältigung des Lebens Schwierigkeiten und Probleme bereiten können.

Sie fragen sich vielleicht, warum ich keine Ratschläge für Ihr Verhalten gebe? Zum einen, weil aus der Begleitung von Kindern bekannt ist, dass letztlich nur das „selber erkennen und selber machen" überzeugt und übernommen wird. Das bleibt lebenslänglich so. Deshalb wird in der Werbung als Vorgehen oft vorgeschlagen: „Überzeugen Sie sich selbst, prüfen Sie selbst" als Faktor für eine Kaufentscheidung. Stattdessen möchte ich Ihnen die fachlichen Informationen geben, die Sie benötigen, um die für Sie richtigen Entscheidungen zu treffen. Sie bekommen mit diesem Wissen die Möglichkeit, selbstbestimmt und individuell die für Sie stimmigen Schlüsse zu ziehen und so an den gewonnenen Erkenntnissen Ihr zukünftiges Handeln auszurichten.

Durch diesen Durchblick durch die Zusammenhänge lernen Sie auch, gnädiger mit den Gegebenheiten umzugehen und die richtigen Schlüssel für mögliche Veränderungen in die Hand zu nehmen. Ob und inwieweit Sie diese selbständig nutzen können oder ob Sie dazu fachkundige Hilfen benötigen, muss jeweils im Einzelfall entschieden werden.

Eine weitere wichtige Voraussetzung für die Korrekturen ist, neben dem Nachempfinden vor allem auf Fragen oder Forschen nach fremder oder eigener Schuld zu verzichten. Auch sollte man sich davor hüten, ob der Erkenntnisse in Selbstmitleid zu verfallen. Stattdessen empfehle ich, zukunftsgewandt zu fragen, was und wie man die neuen Erkenntnisse für ein freudiges und zuversichtliches Leben nutzen kann.

So will das Buch ermöglichen, spannende neue Sichtweisen auf innere Motivation und äußere Verhaltensmuster zu bekommen. Es will aufzeigen, wie man durch Einsichten in die eigenen Steuerungsmechanismen dahin kommen kann, letztlich der zu werden, der man eigentlich ist. Ein spannender Weg, auf dem man auch erkennt, was man bis jetzt so alles durchgemacht und es erfreulicherweise dennoch zu einigem gebracht hat. Diejenigen Leserinnen und Leser, die heranwachsende Menschen begleiten, will es unterstützen in dem nicht immer ganz einfachen Umgang mit den jungen Menschen.

Danksagung

Von Herzen danke ich allen, die an der Entstehung dieses Buches beteiligt waren.
Das ist in erster Linie mein 2005 verstorbener Vater Dr. Udo Derbolowsky. Ihm verdanke ich die Lehrgeschichten und er hat viel zu meiner Ausbildung beigetragen. Meiner Mutter Gretel Derbolowsky danke ich, dass sie mir durch ihre Arbeit als Kinderpsychagogin fachkundigen Einblick in die Vorgänge der Kindheit ermöglicht hat. Danken möchte ich meinen wichtigsten psychotherapeutischen Lehrern Walter Schindler, Jorge Silva, Fritz Riemann, Detlev von Zerssen, Grete Leutz, Richard Bandler und vielen anderen, von denen ich mir das notwendige Wissen erworben habe. Dankbar bin ich meinen Patienten und Klienten, die mir gezeigt haben, wie es in der Praxis funktioniert, und durch die ich zu diesem Buch angeregt wurde.
Elsbeth Cram und Ingo Würtl danke ich dafür, dass sie mir erlaubt haben, ihre wichtigen Aufsätze mit aufzunehmen. Regina Derbolowsky hat mir viele Anregungen gegeben und hat sicher viel Mühe mit dem Korrekturlesen gehabt. Dafür danke ich ihr sehr. Last not least danke ich meiner Frau Renate, die geduldig meine Arbeit begleitet und mich ermuntert hat, wenn mir die Arbeit zu viel zu werden drohte, sowie meinem Sohn Daniel und meiner Tochter Julia, die mir mit ihren Ansichten zu den im Buch angesprochenen Themen wertvolle Anregungen gegeben haben.

Einführung

Die Frage „Wie bin ich so geworden, wie ich heute bin?" lässt sich von vielen Seiten her beantworten. Es ist wohl korrekt, wenn man davon ausgeht, dass es die Erbanlagen sind, die die entscheidende Rolle spielen. Sie bestimmen das Geschlecht und die Grundlagen der jeweils einzigartigen Gestalt und ihres Aussehens.
Gleiches gilt für die unterschiedlichen Temperamente. Ob ein Mensch eher lebhaft oder eher ruhig sein Leben angeht, erfährt eine Mutter schon, während das Kind noch in ihrem Bauch heranwächst. Von vielen Wissenschaftlern wurden seit Langem verschiedene Charaktertypen beschrieben, die vom Körperbau und von den inneren und äußeren Grundhaltungen genetisch bedingten Grundmustern folgen. Dies schimmert hinter jedem Handeln sozusagen als Einfärbung durch.

Allerdings gibt es unter den Wissenschaftlern unterschiedliche Ansichten darüber, ob das, was ich am anderen und auch an mir wahrnehme, weit überwiegend genetisch bedingt bzw. angeboren ist oder ob es wesentlich durch die Begegnung mit der Welt erst erworben wurde. Wahrscheinlich ist, dass das, was wir ganz allgemein den Charakter eines Menschen nennen, eine Mischung sowohl aus Ererbtem wie auch aus Erworbenem ist und das ausmacht, wie wir heute sind. Dass es mit Ausnahme von eineiigen Zwillingen keine 2 Menschen mit gleichem Chromosomensatz und gleicher Lebensgeschichte gibt, macht jeden von uns zu einem Unikat, im Aussehen ebenso wie in unserem Wesen und Handeln. Müsste diese Tatsache „Ich bin einzigartig auf der Welt!" eigentlich nicht jeden mit gesunder Selbstsicherheit und gutem Selbstbewusstsein ausstatten?

Zugleich ist der Mensch glücklicherweise nicht allein auf der Welt und als ein soziales Wesen angelegt. Das fordert von ihm, sich mit anderen auseinanderzusetzen, mit anderen Gemeinschaften zu bilden. Er ahnt früh, dass man sich aufgehoben fühlen kann in einer Gruppe. Dafür ist es notwendig, Gemeinsamkeiten mit anderen zu entdecken und möglichst viele Überschneidungen mit ihnen zu finden. Dem steht jedoch die Einzigartigkeit des Einzelnen entgegen und verunsichert. Ich bin eben nicht so wie die anderen, wenn ich z.B. nicht der gleichen Meinung bin oder nicht dem Schönheitsideal der jeweiligen Zeit entspreche. Viele Menschen sind irrtümlich davon überzeugt, dass sie nur dann dazugehören, wenn sie den Vorstellungen der anderen entsprechen. Das führt, nebenbei bemerkt, zu den Auswüchsen der Schönheitschirurgie insbesondere bei jungen Menschen.

In der frühen Kindheit allerdings, in den ersten 4–5 Lebensjahren, ist ein Kind, um zu überleben, noch vollständig auf die Zuwendung von anderen angewiesen. Um diese zu bekommen, bleibt ihm oft nichts anderes übrig, als in den unerwünschten Punkten die eigene Lebendigkeit abzulehnen und sich stattdessen angepasst an die Vorstellungen seiner Umgebung zu verhalten. Ein Stück weit Selbstaufgabe, ein Stück weit das eigene Sosein als schlecht abzulehnen und die Vorstellungen der erwachsenen Bezugspersonen als besser und richtig zu übernehmen, ist der Preis für Anerkennung und liebevolle Zuwendung. Über diesen Mechanismus der Hemmung wird die sogenannte Neurosenstruktur des Menschen gebildet, die sich mit seiner mitgebrachten genetisch bedingten Struktur überlagert. Man nennt sie auch „Gehemmtheitsstruktur", also die Struktur, die sich durch die Hemmung eigener Lebendigkeit entwickelt. Dafür gilt, je lebhafter das Naturell ist, desto mehr wird es anecken und deshalb Hemmungen ausgesetzt sein. Wer sich mit diesem

Thema weiter beschäftigen möchte, sei auf eine Kurzdarstellung im Kapitel „Stuhl und Decke" in unserem Buch „Liebenswert bist du immer" und auf die ausführlichen Schriften von Harald Schultz-Hencke („Der gehemmte Mensch" und „Neurosenlehre") verwiesen.

Mit zunehmendem Lebensalter wird der Mensch dann in dem Maße unabhängiger von der Zuwendung von außen, indem er lernt, seine eigenen Bedürfnisse selbst zu stillen. Erwachsen ist er dann geworden, wenn er sozusagen autonom geworden ist. Das gilt nicht nur für Bedürfnisse wie Hunger und Durst, sondern auch für das Bedürfnis nach Anerkennung und Liebe!
Später kann man allerdings lernen, diesen Verzicht auf die eigene Einzigartigkeit rückgängig zu machen im Sinne des Lebensauftrages: „Werde der, der du wirklich bist. Denn auf seine Einzigartigkeit kann, darf und sollte jeder stolz sein!"

Nach den ersten 4–5 Lebensjahren ist die Pubertät dann die zweite kritische Zeitspanne für die weitere Entwicklung des Heranwachsenden. Deshalb ist ihr ein eigenes Kapitel gewidmet. Alles, was bisher so stimmte, wird in dieser Phase in Frage gestellt. Eine große Verunsicherung über sich, über die Erwachsenen und über den Rest der Welt bricht über den jungen Menschen herein. Da bietet Gruppenzugehörigkeit mit Gleichaltrigen, denen es ähnlich geht, einen gewissen Halt und Sicherheit. Wer in diesem Lebensabschnitt von den Eltern trotz aller Schwierigkeiten in seiner Einzigartigkeit gestützt wird oder vielleicht von woandersher Selbstvertrauen entwickeln kann, z.B. durch sportliche Leistungen, der hat es leichter, sich und seinen Eigenheiten treu zu bleiben. In diesem Zusammenhang sei das Märchen vom „hässlichen kleinen Entlein" erwähnt, in dem beinahe für das Gefühl, so sein zu wollen wie die anderen, der spätere stolze Schwan verraten wird. Eine andere Geschichte, die diese Problematik beleuchtet, ist die Geschichte von einem Birnbaum, der in einem Feld von Apfelbäumen heranwächst und mit seinem Anderssein so seine liebe Not hat.

„Wie bin ich so geworden, wie ich heute bin?"
Kurz zusammengefasst lautet meine Antwort:
Aufbauend auf die Mitgift der Erbanlagen hat jeder in seiner individuellen Entwicklung sich und die Welt sehr unterschiedlich erfahren. Beides zusammen hat ihn zu dem gemacht, der er heute ist. Die in diesem Buch zusammengetragenen Situationen während des Heranwachsens zeigen auf, wo, wie und wann manche Weiche in der Entwicklung gestellt wurde und wie sich das im Erwachsenenleben dann zeigt. Vielleicht ergeht es Ihnen so wie mir beim Lesen der Geschichten. Ich habe mich an vielen Stellen wiedererkannt und muss sagen, es bewegt mich ziemlich. Die Klippen für meine Selbstbehauptung, für die Behauptung meiner Art und meiner Individualität waren oft hoch und gefährlich und manche habe ich sicher bis heute nicht überwinden können. Das Verständnis für die Hürden, die ich nicht immer so gemeistert habe, dass keine Narben zurückgeblieben sind, ermöglicht mir heute mehr Einsicht in mein Verhalten und meine Denkmuster. Zugleich weckt es mein Mitgefühl mit mir selbst und regt mich an, mit mir und auch mit anderen verständnisvoller und gnädiger umzugehen. Es würde mich freuen, wenn wir hier eine Gemeinsamkeit haben und es Ihnen ähnlich geht und auch Sie zu einem warmherzigeren Annehmen Ihres Soseins streben und wo es sinnvoll erscheint, die notwendigen Änderungen vorzunehmen. Bei diesen Erkenntnissen bitte ich Sie zu bedenken, dass die Personen, die damals um uns herum waren, sicherlich aus bestem Wissen und Gewissen gehandelt haben. Sie haben es nicht besser gewusst und nicht besser gekonnt, deshalb soll-

ten wir gnädig mit ihnen umgehen und uns im Vergeben üben.

Ein zweiter Aspekt des Buches ergibt sich aus dem ersten, nämlich einen Beitrag zu leisten zur Bewältigung der bekanntlich ziemlich komplexen Aufgabe, Kinder großzuziehen und sie hin zu erfreulich gestandenen Erwachsenen zu begleiten. Allerdings nicht als ein weiterer Ratgeber, sondern als Informationsschrift für eigene Schlussfolgerungen. Der Kabarettist Bruno Jonas formulierte die Problematik in einem seiner Stücke so: „Muss ich bei der Geburt dabei sein? Langt es nicht, wenn ich mein Kind bei dem Abitur kennenlerne? Ich weiß genau, was man bis dahin alles falsch machen kann." Damit trifft er einen der Nägel auf den Kopf. Eltern können es noch so gut meinen, aus Sicht der Kinder machen sie dennoch einiges ganz falsch, und umgekehrt gilt das natürlich genauso. Auch eine natürliche Orientierung an anderen ist durch den Verlust des Zusammenlebens in Mehrgenerationenfamilien kaum mehr möglich. Die heutige Brüchigkeit von Ehen und damit des familiären Nestes erschwert zudem die Situation sowohl für die Kinder wie für die Erwachsenen, auch wenn aus den veränderten Bedingungen durch die Zunahme von sogenannten Patchworkfamilien ein anderes Modell von Familie entsteht. Kinder wollen vor allem eines: ein verlässliches „Nest" mit Stabilität. Trennung der Eltern zerstört dies, wobei sich die Kinder oft auch noch für die Trennung verantwortlich fühlen und mit aller Macht die elterliche Beziehung zu kitten versuchen, auch wenn sie nicht mehr zu kitten ist. „... wenn wir die Kinder fragen würden, käme es nicht zu Scheidungen", wie es Oliver Pocher in einer Fernsehsendung behauptete (ARD: ‚hart aber fair', 28.11.11).

Gibt es überhaupt die Möglichkeit, alles richtig zu machen? Ich glaube nicht. Aber man kann und sollte sich bemühen, es so gut wie möglich zu machen. Dabei empfehle ich, im Hinterkopf die Frage des Schweizer Kinderpädagogen und -therapeuten Hans Zulliger zu behalten: „Lassen wir den Kindern die notwendigen Substanzen in ausreichendem Maße zukommen, die sie zum Wachsen brauchen? Das sind in erster Linie Zuwendung, Aufmerksamkeit, Freude am Gelingen, Vertrauen in ihre Fähigkeiten und in ihr Potential. Wird ihnen das vorenthalten, ist das nicht eine versteckte Form der Gewaltanwendung?"

Allgemeingültige Verhaltensregeln für jedes Kind in jeder Situation können nur in Form von Rahmenbedingungen gegeben werden, da jedes Kind und jeder Erwachsene einzigartige Wesen sind. Hilfreich und tröstlich als einen Leitgedanken empfinde ich das Sprichwort aus dem Arabischen: „Ärgere dich nicht, dass der Rosenstrauch Dornen hat, sondern freue dich, dass der Dornbusch Rosen trägt."
So kann jeder, ausgestattet mit dem Wissen über sich speziell und über allgemeine Gesetzmäßigkeiten des Geschehens, klarer seinen eigenen Weg finden und hoffentlich über das gnädige Verstehen ins Handeln kommen.

– Der Mensch wird in eine ihm bis dahin völlig fremde Welt geboren. Er kann nur überleben, wenn er diese kennenlernen will und sich mit ihr mehr oder weniger vertraut macht. Dafür ist eine Umgebung hilfreich, die ihm Angenommen- und Aufgenommensein sowie eine durchgehende warmherzige Zugewandtheit vermittelt. In einer solchen Atmosphäre gelingt ihm es ganz gut und er entwickelt so etwas wie eine Grundsicherheit, die auch als Urvertrauen bezeichnet wird. Menschen, die das Glück hatten, in eine solche Umgebung hineingeboren worden zu sein, haben wenig Lebensängste. Doch schon bald können durch „bedingte Liebe", so nennen wir eine an Bedingungen geknüpfte Liebeszuwendung, Ängste entstehen, die diesen Menschen durch sein Leben begleiten. Tröstlich ist, dass so entstandene Ängste später wieder abgebaut werden können. Das im Folgenden beschriebene Ereignis zeigt, wie bei einem kleinen Kind Ängste entstehen können und welche Folgen das für sein späteres Leben als Erwachsener haben kann, ohne dass die falschen Verknüpfungen von ihm so ohne Weiteres als Ursache erkannt werden. –

„Bedingte Liebe" als Ursache von Angst

Kürzlich hatte ich nach der Sprechstunde in der Stadt Besorgungen gemacht. In meinen Gedanken war ich noch etwas mit dem letzten Patienten beschäftigt, während ich die Einkaufsstraße langging. Er war ein Mann in den besten Jahren, körperlich kräftig und gesund, aber er hatte sich bei mir über sein Herz beklagt: „Stellen Sie sich vor, Herr Doktor, immer wenn ich etwas unternehmen will, wenn ich einen Entschluss fassen will, bekomme ich Herzklopfen und Angst. Außerdem plagt mich ein böses Misstrauen, vor allem dann, wenn es jemand besonders gut mit mir meint. Das macht mir große Sorgen."

Während ich so über ihn nachdachte, ging vor mir eine unauffällig gekleidete ältere Frau. Sie hatte einen kleinen Jungen an der Hand, der knapp 2 Jahre alt war. Es sah so aus, als ob die beiden, vermutlich Großmutter und Enkel, von einem Ausflug zurückkehrten und nach Hause zum Essen gehen wollten. Der kleine Kerl war offensichtlich müde, wahrscheinlich auch hungrig. Er ging langsamer, als es der Frau recht war. Müde setzte er ein Beinchen vor das andere und ließ sich an der Hand mitziehen. Der Frau schien das keinen Spaß zu machen. Sie zog das Kind alle paar Schritte mit einem Ruck wieder neben sich, als wollte sie damit sagen, nun mal hoppla, nicht müde werden, vorwärts, das Essen wird kalt. Der kleine Junge schien anderer Ansicht zu sein. Er beantwortete jeden Ruck mit Widerstreben und wurde noch langsamer. Er sah sich nach dem Schaufenster eines Bäckerladens um, da lagen schöne Kuchenstücke. Davon könnte man doch essen. Wieder gab es einen Ruck. Die Ungeduld der Frau wuchs. Aber jetzt wurde der Kleine munter. Er änderte sein Verhalten, der Kuchen hatte es ihm angetan. Er ließ sich einfach nicht mehr weiterziehen. Eigenwille entstand. Der kleine Kerl hatte einen Entschluss gefasst. Selbständig streckte er seine kleine Gestalt. Er ruckte am Arm der Frau und seine helle Kinderstimme rief: „Oma, das will ich haben." Und er zeigte auf den Kuchen. Wie einfach, wenn man Hunger hat und müde ist.

Ein paar Schritte weiter waren Männer von der Müllabfuhr damit beschäftigt, leere Mülltonnen in eine Kellerluke hinunterzulassen, wo sie unten von einem ihrer Kollegen in Empfang genommen wurden. Einer der Männer wollte gerade den Deckel der Luke zuwerfen. Da rief ihm der andere von unten scherzhaft zu: „Du wirst mich doch hier nicht einsperren wollen!" „Doch", sagte der Mann in scherzhafter Drohung und schloss die Luke. Er wusste natürlich, dass sein

Kollege nicht aus der Luke herausklettern konnte, sondern wie immer über die Kellertreppe zur Haustür herauskommen würde. Diese Zusammenhänge kannte der 2-jährige Junge natürlich noch nicht. Kinder in seinem Alter sind noch nicht imstande, sich den Ablauf eines solchen Vorganges in ihrer Phantasie folgerichtig zusammenzusetzen und zu überschauen.

Zum Einordnen der vielen Einzeltatbestände in ein vertrautes Weltbild braucht es noch einige Zeit. Das gilt auch für viele andere sog. Scherze, die Erwachsene mit Kindern anstellen, wenn sie ihnen falsche und oft unmögliche Konsequenzen ankündigen. Drohungen wie: „Wenn du nicht aufisst, kommt ein schwarzer Vogel aus der Lampe und nimmt dich mit." Oder: „Wenn du nicht still sitzt, nimmt dich der Briefträger mit." „Wenn du schielst oder Grimassen schneidest und die Uhr schlägt, dann bleiben dir das Schielen und die Grimassen für immer."

In der Höhe des Bäckerladens überholte ich Oma und Enkelsohn. Ich sah den ausgestreckten Kinderarm, hörte die helle Stimme: „Oma, das will ich haben!" Es war eindrucksvoll zu sehen, wie intensiv das Kind seinen Wunsch zur Geltung brachte, jetzt einmal nicht zu folgen, sondern etwas Eigenes zu tun. Dieses Eigene, was sich da zeigte, war so wirksam, dass Oma stehen blieb. Mit einfachem Rucken und Ziehen war es jetzt nicht mehr getan.

Währenddessen bemerkte der Kleine die Szene nebenan zwischen den Männern der Müllabfuhr. Er bekam mit, wie von dem einen Mann der Deckel der Luke zugeworfen wurde. Für das Kind geschah das offensichtlich ganz gegen den Willen des anderen Mannes da unten im Keller. Er sah seine Oma ängstlich und fragend an. Er brauchte jetzt sofort eine für ihn verständliche Erklärung. Oma müsste ihm die Zusammenhänge erklären, müsste ihm jetzt sagen, dass es sich

um einen Scherz handelt und dass der Mann gleich aus dem Hauseingang herauskommen würde. Doch das geschah nicht, im Gegenteil.
Oma griff die Ablenkung von dem Kuchen willig auf und sagte „Da kommst du auch gleich rein, wenn du jetzt nicht folgst. Sei also schön brav und geh mit mir weiter! Sonst kommst du auch in das dunkle Kellerloch." Wie ich das hörte, blickte ich mich erschrocken um und sah in das Gesicht des Kindes. Seine Augen wanderten ängstlich von der Kellerluke zur Großmutter. Doch sie milderte ihre Worte weder durch ein Lächeln noch durch einen scherzhaften Tonfall. Sie machte ein Gesicht, wie sie es auch sonst machte, wenn sie es ernst meinte, mit dem, was sie sagt. Dazu war sie obendrein ärgerlich, denn sie würden zu spät nach Hause kommen. „Sonst kommst du auch in das dunkle Loch!" Und schon spürte der kleine Kerl den nächsten Ruck, der ihn wieder vorwärts zog, vorbei an der unheimlich gewordenen Luke. „Da kommst du auch gleich rein, wenn du jetzt nicht folgst." Er folgte. Er wollte ja leben und nicht in dem dunklen Kellerloch umkommen. Soweit zu meinem Erlebnis.

Was geht in einem solchen Kind vor? Die Großmutter ist für ihn in seinem Alter noch ebenso unentbehrlich wie alle anderen Erwachsenen, denen er anvertraut ist. Er kann sein Leben noch nicht selbständig führen. Seine Erfahrungen, seine Einsichtsmöglichkeiten, seine Phantasien, aber auch seine Fertigkeiten im Handeln reichen noch nicht aus, um seine Bedürfnisse wirklichkeitsgerecht selbst stillen zu können. Um überleben zu können, ist er noch angewiesen auf die Nähe, auf die Zuneigung, auf Hilfe und Beistand von Erwachsenen, die bei ihm Vater- und Mutterstelle ausüben. Er kennt seine Oma als einen Menschen, der ihm schon in vielem beigestanden hat. Also als einen Menschen, der ihn zu Recht warnen kann, wenn etwas zu heiß oder zu spitz oder zu scharf ist, so dass man vorsichtig sein muss. Hier aber hatte sie ihm als eine feststehende Tatsache angekündigt: „Du kommst in den dunklen Keller, wenn du versuchst, dich selbständig zu machen." Das war für ihn genauso gewiss wie alles andere, was er bisher von der Oma gelernt hatte. Einsamkeit, Verlassenheit und Dunkelheit sind jedoch für ein Kind mit das Schlimmste, was ihm geschehen kann. Darin droht ihm der Verlust alles dessen, was er zum Leben unabdingbar braucht. Es droht ihm die Vernichtung. „Du kommst in das dunkle Kellerloch, wenn du jetzt nicht folgst!"

Auf eine kurze Formel gebracht ist der Junge gezwungen zu lernen, dass er, wenn er am Leben bleiben will, keine Entscheidung gegen die Oma fällen darf. Dass der Kleine sein Bedürfnis nach dem Kuchen und nach Langsam-Gehen unbedingt unterdrücken muss und schlimmer noch, dass die Vertrauensperson, seine liebe Oma, ihn verstoßen würde, wenn er sich ihr gegenüber einen Schritt weit zur Selbständigkeit entwickeln wollte.
Das kann man sich so vorstellen, wie wenn es während der Baumblüte einmal eine starke Frostnacht gibt. Angst weht dann über eine trauliche Welt. Misstrauen keimt auf, ob es die Oma, die doch eigentlich so gut ist, wirklich immer nur gut mit ihm meint.

Ich musste wieder an meinen Patienten von heute Vormittag denken. Worüber hatte er geklagt? „Immer wenn ich etwas unternehmen will, wenn ich einen Entschluss fasse, bekomme ich Herzklopfen und Angst. Außerdem plagt mich ein böses Misstrauen, vor allem dann, wenn es jemand besonders gut mit mir meint!" Hatte er vielleicht Ähnliches in seiner Kindheit erlebt, wie der kleine Junge vorhin? Und war diese Erfahrung noch in ihm wirksam?

– Ordnung herstellen und Ordnung halten ist für viele Menschen nicht so einfach. Das liegt vielleicht daran, dass sie in ihrer Kindheit Erfahrungen gemacht haben, die Ordnung nicht als etwas Lustvolles haben erscheinen lassen, sondern als eine lästige Pflicht. Wie es dazu kommen kann und wie es durchaus auch anders geht, zeigt die folgende Geschichte. –

Ordnungsliebe und Ordnungszwang

Als ich einmal den Sohn einer befreundeten Familie vom Kindergarten abholte, musste ich dort noch ein Weilchen warten. Aus einem Nebenzimmer konnte ich die Kinder durch die offene Tür beobachten, wie sie ihre Spielsachen wegräumten. Für einige von ihnen gehörte das Aufräumen offensichtlich zu ihrem Spiel. Sie hatten gehört, dass es Zeit ist, nach Hause zu gehen, und nun sorgten sie dafür, dass alle ihre geliebten Spielsachen in entsprechenden Schubfächern, Schränken und Kisten Unterschlupf finden konnten. Sie wollten offensichtlich nicht, dass diese abhandenkommen oder sonst irgendeinen Schaden nehmen, bis sie sie beim nächsten Mal wieder zum Spielen hervorholen würden. Es dauerte gar nicht lange, bis alles aufgeräumt war. Dass die Kindergärtnerin ihnen dabei geholfen hatte, war ganz im Sinne der Kinder und für sie normal, denn sie war ja auch sonst beim Spielen im Laufe des Tages mit dabei. Dann wurden die Mäntel geholt und die Kinder verabschiedeten sich lebhaft voneinander und von der Kindergärtnerin und stürmten auf die gerade eingetroffenen Abholer zu und ab ging es nach Hause.

Mir fiel ein, dass ich solche Szenen oft ganz anders in Erinnerung hatte. Da hatte es geheißen: „Es ist Zeit zum Nachhausegehen. Ihr müsst jetzt mit Spielen aufhören und alles wieder aufräumen. Denn Ordnung muss sein. Die Spielsachen müssen an ihren Platz gebracht werden, wie es sich gehört. Was sollen denn die Eltern (von uns) denken, wenn es hier unordentlich aussieht!" Die Kinder waren diesen Aufforderungen nur widerwillig, lustlos und murrend gefolgt. Zwar haben sie die Spielsachen an den dafür vorgeschriebenen Plätzen untergebracht, aber manches, was sie in ihrem Missmut übersehen hatten, blieb auch liegen. „Los!", hatte es dann geheißen, „Ihr könnt doch hier nicht weggehen, ehe nicht alles schön aufgeräumt ist. Schämt Euch!" Oft gab es obendrein noch Tränen.

Solche Erinnerungen traten mir vor Augen, als mich Frau Peters in meiner Sprechstunde aufsuchte. Das war vor 3 Jahren. Sie war damals 19 Jahre alt und seit einem Jahr verheiratet. Ihr Mann war ebenso alt und von Beruf Tischler. Die junge Frau war überaus schlank und wirkte nervös. Ihr Blick wanderte unruhig umher. Sie hörte nicht richtig zu, als ich sie nach dem Grund ihres Besuches fragte, und sie erschrak erst ein wenig, als ihr mein abwartendes Schweigen schließlich auffiel. Dann erst antwortete sie, dass es in ihrer Ehe nicht stimme. Ihr Mann sei fleißig, ordentlich und gemütlich. Aber sie hingegen komme nicht nur zu Hause mit nichts zurecht. Ihr werde auch immer nach ein paar Monaten am Arbeitsplatz gekündigt. Es müsse an der Unordnung liegen, die sich dauernd um sie herum ausbreite und mit der sie trotz bestem Willen nicht fertig wurde. Ihr kamen die Tränen. Sie kramte in ihrer Handtasche nach einem Taschentuch. Ich sah, dass dort alles in heillosem Durcheinander vollgestopft war. Als sie schließlich ein Taschentuch gefunden hatte, zog sie mit ihm zugleich ein paar andere Sachen heraus, die auf den Boden fielen. Ich dachte im Stillen bei mir, wie schlimm es doch ist, wenn man mit Dingen leben und umgehen muss, zu denen man keinerlei Beziehungen hat.

Heute geht es Frau Peters viel besser. Sie ist jetzt 22 und hat in der dazwischenliegenden Behandlungszeit mit großer Mühe und einigem Üben vieles nachgeholt, was gesund aufwachsende Kinder im Spiel spielend erlernen. Sie hat sich mit den Dingen ihres Lebens zunehmend vertraut gemacht. Das kann man sich so vorstellen, wie man es bei kleinen Kindern beobachten kann: Alles, was sie interessiert, ziehen sie an sich heran und versuchen, es in den Mund zu stecken. So lutschen sie beispielsweise auch an ihren Fingern und Fußzehen und unterhalten sich dabei in der Babysprache mit allen möglichen Gegenständen. Sie lernen dadurch unter anderem, zwischen dem eigenen Leibe und anderen Gegenständen zu unterscheiden.

Wenn Kinder sich auf diese Weise mit ersten Dingen vertraut gemacht haben, dann wollen sie verständlicherweise das, was ihnen nun vertraut geworden ist, in ihrer Nähe behalten. Besitzliebe ist entstanden. Das gilt beispielsweise für Spielsachen. Sie mögen sie nicht allein lassen und ziehen sie ständig mit sich umher. Z.B. wird die Puppe, der bei der näheren Untersuchung durch das Kind, also bei dem Sich-vertraut-Machen, die Holzwolle aus dem Bauch herausgenommen worden ist und der die Augenknöpfe aus dem Gesicht heraushängen, auf keinen Fall gegen eine neue und damit unvertraute eingetauscht. Sie wird geliebt und muss überallhin mitkommen. Muss die Puppe einmal zu Hause bleiben, wenn das Kind mit der Mutter einkaufen geht, dann wird sie vorher zu Bett gebracht. Ganz ähnlich geht es mit anderen Spielsachen. Alles muss versorgt, versteckt und in Sicherheit gebracht werden können. Das Kind braucht dafür einen Kasten, ein Schubfach, einen sicheren Ort, wo es die lieb gewordenen Sachen seiner Welt bergen kann. Diese Besitzliebe wird dann durch eine Ordnungsliebe ergänzt, damit es die Sachen auch wiederfinden kann. Mit der Zeit entwickelt sich daraus eine ganz selbstverständliche Ordnung, die auch leicht aufrechterhalten werden kann. Es scheint dann so, als ob all diese vertrauten Dinge zu diesem Menschen sprechen. Geht er durch sein Zimmer, dann nimmt er alles, was ihn – allerdings nur für ihn vernehmlich – anruft, gleichsam im Vorübergehen mit und stellt es an den rechten Platz. Dabei ist sogar eine Art Zärtlichkeit mit im Spiel, die dazu führt, dass es bei einem solchen Menschen stets nicht nur irgendwie aufgeräumt aussieht, sondern zugleich auch gemütlich wirkt.

In dem Märchen von Frau Holle geht es der Glücksmarie ganz genauso, wie ich es hier beschrieben habe. Im Vorübergehen hört sie beispielsweise das Brot im Ofen oder die Äpfel am Baum, die um Beistand bitten. Und die Glücksmarie ist ein Mädchen, in dem Besitzliebe und Ordnungsliebe sich gut haben entwickeln können. Sie ist mit den Dingen ihrer Welt vertraut. Ohne viel Aufhebens erfüllt sie im Vorübergehen dem Brot seine Bitte und zieht es aus dem Ofen und die Äpfel schüttelt sie vom Baum. Alles geht ihr leicht von der Hand, so als ob es das Selbstverständlichste von der Welt wäre. So findet alles ganz fröhlich und liebevoll zu einer gemütlichen Ordnung.

Bei Frau Peters, von der hier ja die Rede sein soll, ist es in ihrer Kindheit ganz anders zugegangen. Sie bekam sogar viel mehr Spielzeug, als sie sich selbst gewünscht hatte. Eltern, die glücklicherweise gelernt haben, wie man richtig mit Wünschen umgeht, erfüllen ihren Kindern stets nur einen Teil von dem, was die Kinder sich wünschen. Umso intensiver können sich nämlich die Kinder im Spiel mit ihrer Umwelt vertraut machen, sich ihrer bemächtigen. Susanne Peters saß dagegen als Kind inmitten einer übergroßen Menge Spielsachen, die noch dazu besonders teuer und wertvoll ausgefallen waren. Mit denen durfte sie zwar spielen, aber vorsichtig,

und sie durfte die natürlich nicht kaputt machen, wie die Eltern sagten, wenn sie ein liebes Kind sein wollte.
Das ist ein besonders wichtiger Punkt. Denn das, was für ein Kind die Erfahrung von Neuland bedeutet, also das Auseinandernehmen der Puppe, des Weckers, des Rollers, wodurch schließlich Vertrautheit entsteht, das sieht vom Standpunkt der Eltern aus betrachtet wie kaputt machen, wie beschädigen und zerstören aus. Das ist verständlich. Gehört es doch zur Aufgabe der Eltern, Bestehendes zu erhalten und das „Nest" vor Beschädigungen zu bewahren. Die Kinder dagegen haben den Trieb mitbekommen, sich mit den Eigenschaften und Beschaffenheiten der Dinge vertraut zu machen. Das ist ein naturgegebener Gegensatz zwischen Eltern und Kindern, den man nicht umgehen kann. Hier wird es immer Konflikte und verschiedene Lösungen geben.

Bei Susanne Peters ging es so weiter, wie es in solchen Fällen meistens weitergeht. Fast teilnahmslos saß sie vor ihren Spielsachen und hörte immer wieder: „Hier ist der Spielsachenschrank, da müssen die Sachen hinterher alle ordentlich hinein. Du musst immer schön aufräumen, Spielsachen müssen aufgeräumt werden." Letztlich kam so nur eine Ordnung unter Drohen, Antreiben und Schimpfen zustande. Aber es war eine Ordnung, die nicht aus Besitz- und Ordnungsliebe entstanden war, sondern durch Zwang und Drohungen. Eine Ordnung aus Ordnungszwang ergibt keine gemütliche und keine stabile Ordnung. Jede Eile, jedes unvorhergesehene Ereignis bringt schnell alles durcheinander. Es ist so, als ob die Zwangsordnung nur darauf warten würde, dass endlich etwas dazwischenkommt, damit sie wieder in sich zusammenfallen kann.

Susanne Peters hatte schon nicht mit ihren Fingern und Zehen spielen dürfen. „Die Händchen gehören auf die Bettdecke", hatte es geheißen. Später war ihr reichhaltig ausgestattetes Kinderzimmer für sie zur Hölle geworden. Spielsachen waren nur noch beängstigende Anlässe zum Aufräumen. So war sie zu einem nervösen Menschen geworden. Auch als erwachsene junge Frau hatte sie keinen Kontakt zu den Gegenständen ihres Lebens gefunden. Wie hätte sie das auch können? Sie hatte es ja nicht gelernt und verständlicherweise sogar Angst davor, sich damit vertraut zu machen. Sie träumte lieber in den Tag hinein. Sie hatte die Rolle der Pechmarie im Märchen bekommen. Bei der ging es genauso zu wie jetzt bei ihr. Wenn ein Gegenstand zu ihr sagte, nimm mich mit, du gehst doch gerade in die Küche, da möchte ich auch hin, dann hörte sie daraus: Man muss aufräumen, man muss Ordnung halten, los, mach Ordnung gefälligst! Und dann lehnte sich alles in ihr auf. Sie wollte nicht müssen und sie gehorchte nicht! Stattdessen stolperte sie, blieb am Tischtuch hängen und riss zu ihrem Entsetzen noch die Blumenvase vom Tisch.

Susanne Peters hat sich zur Überwindung ihres Problems mit den Dingen der Welt vertraut machen, viel nachholen und einige übernommene falsche Glaubenssätze korrigieren müssen. Auch hat sie lernen müssen, dem Überfluss die Stirn zu bieten und wieder Appetenz zu entwickeln, oder anders gesagt: wieder zu entwickeln, mit Lust und Freude eigene Wünsche zu haben.
Unter Überwindung großer Ängste und Schwierigkeiten ist ihr dies einigermaßen gelungen. Inzwischen ist es bei ihr anders geworden und sie hat vieles von ihrer jetzigen Welt kennen- und lieben gelernt. Sie ist nicht mehr so nervös und kann auch wieder wünschen. So hat sie um sich herum schließlich Ordnungsliebe entwickeln können, wodurch schließlich die Gemütlichkeit entstanden ist, auf die es für ein erfreuliches Leben ankommt.

– Viele Menschen behaupten von sich, zwei linke Hände zu haben, vor allem, was Handwerkliches und was die Tätigkeiten im Haushalt betreffen. Ein Weg, wie solche „zwei linken Hände" entstehen können, verdeutlicht die Geschichte von Lena. –

Mein Kind mag zu Hause nicht mithelfen

Es ist sehr schade, finden viele Eltern, und oft ist es auch ärgerlich, dass viele Kinder von sich aus kein Interesse zeigen, sich an den notwendigen Verrichtungen im häuslichen Bereich zu beteiligen, weder beim Kochen noch beim Sauberoder Ordnungmachen noch bei kleinen Reparaturen oder beim Einkaufen der Lebensmittel. Die folgende Geschichte soll die Zusammenhänge erläutern und zeigen, wie es anders gehen kann.

Frau Meier trifft Frau Braun zufällig beim Einkaufen. Beide freuen sich darüber und dass sie noch etwas Zeit für einen kleinen Schwatz miteinander haben. Schnell kommen sie auf ihre Kinder zu sprechen. „Ja", seufzt Frau Braun, „Sie haben es viel besser als ich. Ihre Tochter ist schon 15, die hilft Ihnen sicher schon bei der Hausarbeit und entlastet Sie. Mein Junge ist zwar auch 15, aber der hilft nie mit. Aber kann man von einem Jungen Hausarbeiten überhaupt verlangen? Das Einzige, was er tut, ist, die Getränke zu besorgen, aber auch das nur, wenn man ihn extra darum bittet. Er spielt viel lieber mit dem Computer oder geht zum Fußball oder zu seinen Freunden. Mit Mädchen ist das bestimmt viel besser. Aber wir haben nun mal keine Tochter bekommen."

Doch Frau Meier stimmt ihr nicht zu, ganz im Gegenteil!
„Ja, was glauben denn Sie! Ich hatte mir das zwar auch so gedacht, aber die Wirklichkeit ist ganz anders. Als wir damals

unsere Tochter bekamen, hatte ich mich sehr darauf gefreut, dass meine Tochter eines Tages auch tüchtig im Haushalt und mir eine gute Hilfe sein würde. Weit gefehlt! Statt mir zu helfen, denkt die nur ans Ausgehen und an die Jungs. Wenn sie von der Schule nach Hause kommt, schmeißt sie ihre Tasche in die Ecke, geht in ihr Zimmer, blättert in einer Illustrierten oder telefoniert. Von wegen Mithilfe! Selbst die kleinsten Hausarbeiten macht sie nur auf Druck und sieht lieber zu, schnell nach draußen zu kommen zu den Freundinnen. Wenn ich die bitte, mir mal zu helfen oder etwas im Haushalt zu tun, dann macht sie das, wenn überhaupt, nur mit einem Gesicht und meckert die ganze Zeit! Oder sie hat schnell irgendeine Ausrede, z.B. genau jetzt noch dringende Hausaufgaben machen zu müssen. Es gibt eigentlich nichts, was sie im Haushalt von sich aus oder sogar gern macht."

Auch sie seufzt: „Und ich hatte gedacht, dass sie mir in diesem Alter mithilft und mich etwas entlastet. Stattdessen bekomme ich freche Antworten, wenn ich etwas sage. Ich mache meine Sachen deshalb weiterhin lieber gleich selbst oder alleine, weil, wenn sie mitmacht, es mit einem solchen Unwillen geschieht, dass es immer Streit und Ärger gibt. Was ich dabei überhaupt nicht verstehe, ich mache ihr das doch so gut vor und sie freut sich auch richtig, wenn es zu Hause ordentlich und sauber ist."

„Das hätte ich nicht gedacht! Sie ist doch so ein freundliches Mädchen", wirft Frau Braun überrascht ein. „Ich kenne das ganz anders von Frau Schmidt. Deren Tochter hilft ihrer Mutter oft und gerne im Haushalt und macht vieles selbständig von sich aus." „Das verstehe ich nun überhaupt nicht", erwidert Frau Meier, „denn so wie ich Frau Schmidt kenne, ist sie nicht gerade eine besonders ordnungsliebende Hausfrau."

Die Frauen rätseln, woran das wohl liegen könnte, und trennen sich nach einer kurzen Weile, ohne eine befriedigende Antwort gefunden zu haben.

Schauen wir uns nun an, in welcher Weise die Erziehung in Familie Schmidt mit ihrer Tochter anders verlaufen ist. Schon als sie 2 Jahre alt war, hatte sie immer geschaut, was ihre Mutter gerade machte, und wollte immer gleich mithelfen. Ob es nun in der Küche oder im Wohnzimmer war, die Mutter hatte ihr dann einen Lappen gegeben zum Abstauben oder einen kleinen Besen in die Hand gedrückt. Am schönsten war es für das Mädchen, wenn der Fußboden nass gewischt wurde. Da ist es dann mal passiert, dass es klingelte und die Mutter unterbrechen und zur Tür gehen musste. Als sie danach wieder in die Küche kam, stand die ganze Küche unter Wasser! Und mittendrin das kleine Persönchen, strahlend: „Ich habe sauber gemacht!"
Wie hat diese Mutter reagiert? Sie war zwar im ersten Moment erschrocken, doch sie hatte nicht gejammert und geklagt: „Oh, die ganze Küche schwimmt, wie entsetzlich!", und die Tochter beschimpft. – Im Gegenteil, sie hat sich schnell besonnen und sich dann ehrlich gefreut und gesagt: „So schön sauber!" (aus der Sicht des Kindes richtig). Dann hatte sie den Lappen genommen, ihn ausgewrungen, der Tochter in die Hand gedrückt und gesagt: „Nun noch trocknen." Mit großer Freude machte das Kind dann trocken. Solche Situationen gab es bei Schmidts oft.

Die Tochter wuchs heran. Sie war neugierig und wollte immer wissen, was Mutter machte, und es dann selber auch probieren. Sie „half" überall mit und die Mutter reagierte freudig und lobte sie. Einmal, das Mädchen war inzwischen 4 Jahre alt geworden, da machten beide zusammen die Betten. Nein, es war nicht ganz so. Die Mutter war gleich nach dem Frühstück wie üblich ins Schlafzimmer gegangen, um die Betten zu machen. Die Tochter mit ihr. Doch bevor sie anfangen konnten, musste die Mutter ans Telefon und ließ die Kleine allein zurück. Als sie schließlich wieder ins Schlafzimmer kam, da erwartete sie eine Überraschung! Die Betten waren schon gemacht. Und mitten im Bett saß das kleine Mädchen. Sie hatte ihre Schuhe ausgezogen und strahlte: „Mama, heute brauchst du kein Bett mehr zu machen, ich habe schon alles gemacht." Die Mutter freute sich mit ihr und beließ alles so, wie es die Kleine hergerichtet hatte. Als der Vater zum Mittagessen nach Hause kam und sich danach ein wenig ausruhen wollte, ging er ins Schlafzimmer. Er wunderte sich und hatte schon auf der Zunge zu fragen, wieso die Betten heute bloß so schlecht gemacht waren. Doch seine Frau kam ihm zuvor. „Guck doch mal", sagte sie zu ihm, „was wir für eine große Tochter haben. Heute hat sie die Betten ganz allein gemacht. Hat sie das nicht fein gemacht?" Dem Vater blieben die Worte im Munde stecken. Er war so gerührt, dass er seine Tochter in den Arm nahm, streichelte und lobte.

Später am Nachmittag, als 2 Freundinnen zum Kaffee kamen, wollten sie gemeinsam ein neues Kleid anschauen, das im Schlafzimmer lag. Die Freundinnen bemerkten sofort die schlecht gemachten Betten. Man konnte ihren Gesichtern ansehen, was sie dachten: ‚Wir wissen ja, dass du nicht besonders ordentlich bist! Aber dass du deine Betten so schlampig machst, das hätten wir doch nicht von dir gedacht.'
Frau Schmidt hatte vermutlich die Gedanken erraten. Denn sie sagte gleich: „Wisst ihr eigentlich, wie gut es mir heute gegangen ist? Als ich heute früh den Kuchen gebacken habe, den wir gerade gegessen haben, da habe ich überlegt, was ich alles noch zu machen habe, bis ihr kommt, und dabei habe ich auch an das Schlafzimmer gedacht. Doch stellt euch vor, wie ich zum Aufräumen ins Schlafzimmer gekommen bin, da wurde ich völlig überrascht!" – Die kleine Tochter sitzt währenddessen bei offener Tür im Nebenzimmer und tut so, als ob sie nichts hörte. Aber sie spitzt ihre Ohren und

lächelt freudig vor sich hin – „Da waren nicht die Heinzelmännchen da gewesen, sondern meine kleine Tochter saß mitten im Bett und hatte sie schon gemacht. Ja, wenn man eine solche liebe Tochter hat, geht es einem gut!"
Ihre Freundinnen schauen sich wortlos an. Aber nachdem sie gegangen sind, redeten sie noch miteinander. „Wie kann man bloß ein Kind die Betten machen lassen! Ein 4-jähriges Kind kann das noch gar nicht. Das kann doch nicht richtig die Kissen aufschütteln. Das Ergebnis haben wir ja gesehen. Und woher soll ein Kind Ordnung lernen, wenn die Mutter so ein schlampig gemachtes Bett als schön gemacht akzeptiert." Sie fühlten sich bestätigt und freuten sich darüber, dass es bei ihnen zu Hause sauber und ordentlich aussah. Ihre Kinder würden einmal nicht schlampig werden, meinten sie voller Stolz. Sie täuschten sich.

Bleiben wir noch ein wenig bei Familie Schmidt. Wie geht es in der Küche zu? Lena ist inzwischen 7 Jahre alt geworden. Doch sie steht wie eine schon 10-Jährige am Abwaschtisch, mit einer Gummischürze angetan, und wäscht ab. Mutter hat noch zu tun mit Aufräumen. Sie bringt Lena die leeren Teller und Schüsseln vom Esstisch und voll Vergnügen wäscht Lena ab. Mutter kann nachher abtrocknen. Vor ein paar Jahren war das noch anders. Da hatte sie nur abgetrocknet, die Töpfe, die Löffel und alles, was nicht zerbrechlich war. Später kamen dann die Küchenteller dazu und schließlich das Porzellan und Glasteller. Das hatte Lena mit 6 Jahren schon alles abgetrocknet. Jetzt machte ihr das Abtrocknen weniger Spaß. Sie wusch lieber ab. Das ging zwar noch langsam, aber das Geschirr konnte ja auch ruhig zum Abtrocknen stehen bleiben. Nachher konnte die Mutter es dann schnell abtrocknen und in den Schrank räumen. Lena ist heute 13 Jahre alt. Mutter und Tochter planen oft gemeinsam das Mittagessen. Während Lena zur Schule geht, kauft die Mutter ein. Jedoch in den Ferien ist es für Lena ein besonderes Vergnügen, einzukaufen und womöglich daraus selbst ein Essen zu kochen. Ganz allein und angemacht nach eigenen Methoden. Sie hat sich vieles bei der Mutter abgeguckt. Sie hat Abschmecken gelernt. Und nun macht sie es nach eigenem Geschmack. Ja, Mutter kann während der Ferien getrost ein paar Tage verreisen und sich erholen. Vater wird gut versorgt sein. Da freut sich Lena besonders, wenn der Vater dann am Mittagstisch sagt: Es schmeckt mir noch viel besser als bei Mutter. Die Küche steht zwar manchmal Kopf, es ist zu viel, was auf einmal bedacht werden muss. Aber was schadet es? Es hat Vater geschmeckt. Und wenn man nachher beim vielen Aufräumen noch ein bisschen stöhnt, was soll's. Die Küche wird am Schluss wieder sauber sein, so wie bei Mutter, und es hat Spaß gemacht. Manchmal kommt ihre Freundin von nebenan. Und die hilft ihr gern mit. Wie merkwürdig jedoch, wo sie zu Hause im Haushalt nichts tut, keinen Finger krumm macht. Aber hier bei Lena, da macht es ihr anscheinend Freude.

Was können wir daraus folgern und bei uns und unseren Kindern beachten? Ein Kind ist ein selbständiger, wenn auch noch heranwachsender Mensch. Handlangerdienste befriedigen nicht auf die Dauer. Es möchte selbst etwas Produktives, etwas Wirkliches fertigbringen, eine Suppe kochen, einen Salat allein anmachen, eine Soße allein abschmecken, ein Mittagessen allein zusammenstellen, eine Küche allein sauber machen. Ja, sagen viele 13-jährige Mädchen, wenn Mutter weg ist, dann macht mir das Spaß, die Küche zu machen, aber wenn sie dabei ist, dann soll ich immer nur das tun, was sie sagt. Das macht aber keinen Spaß. Und vor allen Dingen, warum soll ich das machen? Mutter macht das doch alles viel schneller und besser. So resigniert manches Kind. Später wissen die meisten allerdings nicht mehr, warum sie so ungern im Haushalt mithelfen. Aber wir wissen jetzt warum: Damals, als sie noch klein waren, da hat man ihnen immer gesagt: Das kannst du noch nicht, lass die Finger davon, du machst es bloß kaputt. Du wäscht mir nicht sauber genug ab usw. usw." Diese Sätze lassen sich noch endlos verlängern. Und dann eines Tages soll plötzlich Freude machen, was einem über Jahre hinweg durch dauernde Kritik restlos verleidet wurde. Ich glaube, es ist verständlich, dass der Haushalt und die damit verbundenen Arbeiten zu einem so erschreckenden Muss für diese Kinder geworden sind, dass sie es möglichst vermeiden wollen.

– Ein Verhalten, das in frühen Kinderjahren ausprobiert wurde und später als Strategie das Leben vieler Erwachsener durchzieht, ist Trotz. Ein Verhalten, das allen Beteiligten das Leben schwer machen kann. Wie kann man damit umgehen? Wieso kommt es überhaupt dazu? Kann solches Verhalten überhaupt einen Sinn machen? Muss man den Trotz bei Kindern brechen, wie es früher oft gedacht wurde? Trotzverhalten findet sich nicht nur in früher Kindheit, sondern in jedem Lebensalter. Da sich ein solches Verhalten stets zum Nachteil des Trotzigen auswirkt, ist es lohnend, sich damit zu befassen, wie ein solches Verhalten in der Kindheit – und auch im weiteren Leben – abläuft und wie man nicht nur mit trotzenden Kindern so umgehen kann, dass Trotz abgebaut und in ein erfolgreicheres Verhalten überführt werden kann. –

Zum Trotz

Die Mutter hatte gestern mit der kleinen Hannah abgemacht, dass sie heute Nachmittag Tante Anna besuchen. Nun ist es Mittag. Jetzt plötzlich ist es Hannah eingefallen, dass sie nicht mit zu Tante Anna gehen möchte, sondern lieber zu ihrer Freundin Marie und dort mit deren kleinem Hund spielen.
Der Mutter ist das Verhalten ihrer Tochter unerklärlich, aber Hannah macht seit längerer Zeit öfter solche Dinge, dass ihr plötzlich etwas einfällt und sie es dann mit allem Nachdruck versucht durchzusetzen. So ganz einfach wird es jetzt wieder nicht werden, Hannah zu dem am Vortag gemeinsam beschlossenen Vorhaben zu bringen. Sie wird es darauf ankommen lassen, dass die Mutter letztlich nachgibt. Und es gibt wieder einmal einen Machtkampf zwischen Mutter und Tochter. Schließlich setzt sich Hannah wie meistens durch und die Mutter lässt Hannah zu Hause. Sie gibt nach, auch deshalb, weil sie fürchtet, dass Hannah ihr den Besuch bei

Tante Anna vermiesen würde. Es ist Hannah zwar auch nicht so ganz recht, zu Hause zu bleiben, denn sie wollte ja zu Marie gehen, aber sie bleibt.

Tante Anna feiert heute Geburtstag und hat einige Gäste zu sich eingeladen. Die Mutter, erschüttert vom Trotz ihres Kindes, sucht sich Rat bei den Gästen und fragt sie nach deren Meinung. Schnell entflammt eine heftige Diskussion über das, was die Eltern in diesem Falle tun sollten.
Da ist zum Beispiel Vetter Karl, ein Mann in den Vierzigern. „Früher bei mir zu Hause" meint er, „hätte es das nicht gegeben. Mein Vater hätte mir ordentlich eins übergelangt, meine Mutter hätte mich dann bei der Hand genommen und es wäre gar keine Frage gewesen, dass die Eltern nicht nachgegeben hätten. Ich selbst bin ja nicht so sehr für das unbedingte Strafen. Ich würde heute meinem Jungen sagen, gut, wenn du das nicht einsiehst, dann musst du eben zu Hause bleiben."

Neben ihm sitzt Frau Groß. Sie meint, sie würde ihrem Kind sagen: „Du hast es versprochen, nun musst du es auch halten. Gestern hast du mir zugestimmt, dass wir dahin gehen, nun muss das ausgehalten werden." Dabei würde sie auch an die Einsicht appellieren und betonen, dass sie selbst, wenn sie ihm etwas verspricht, dies dann auch halten würde. „Ob das immer so stimmt?", wirft Onkel Gerhard fragend ein und fährt fort: „Da bin ich neulich mal bei meinem Jungen ganz schön hereingefallen. Ich hatte ihm fest versprochen, mit ihm zum Volksfest zu gehen. Doch da kam überraschend ein Geschäftskollege vorbei, ein dringender Besuch, und ich konnte nicht mit. – Wie leicht und wie oft passiert es einem doch, dass man sein Vorhaben und damit sein Versprechen nicht halten kann!"

„In dem Fall", meinte nun Frau Peters, „könnte man dem Kind ja sagen, weißt du, das mit dem Besuch zum Geburtstag ist jetzt wichtiger. Du kannst Lisa ja morgen oder übermorgen noch besuchen." „Ja, ja", gibt Frau Lehne zu bedenken, „wenn die Kinder in ihrem Trotz nur immer einsichtig wären. Aber das sind sie ja eben gar nicht. Da heißt es doch nur, ich will, ich will, ich will. Und ich frage mich immer wieder, ob nicht die ‚Alten' doch recht gehabt haben, wenn sie gesagt haben: ‚Da hilft nur eine empfindliche Strafe, dann geht der Bock weg.' Man war manchmal doch selbst froh, dass die anderen einem ihre Macht deutlich zum Bewusstsein gebracht haben. Man kann ja auch im späteren Leben nicht immer seinen Willen durchsetzen."
Die Ansichten gingen hin und her.

Zusammengefasst lauten die Vorschläge an die junge Mutter sinngemäß etwa so:
1. Dem Kind eine empfindliche Strafe geben.
2. Das Kind sich in die Ecke stellen lassen und warten, bis der Zorn verraucht ist.
3. Dem Kind drohen: Wenn du so bist, habe ich dich nicht mehr lieb.
4. Den Trotz einfach ignorieren und das Vereinbarte mit Macht durchsetzen.
5. Bei einem größeren Kind an die Vernunft und die Einsicht appellieren.

Doch gerade bei diesem letzten Vorschlag kommt heftigster Protest von Seiten derjenigen Eltern auf, deren Kinder im Alter von 14–15 Jahren sind, ebenso wie von den Eltern von 3–4-Jährigen, die gerade selbst erleben, dass die Kinder aus elterlicher Sicht noch nicht so vernünftig sind. So kommt es noch zu folgendem Vorschlag:

6. Das Kind zu bestechen, z.B. indem man etwas Besonderes, etwas, was das Kind immer sehr gern hat, als Belohnung verspricht, wenn das Kind doch dem Willen der Mutter folgt. Man ist sich einig darüber, dass dieser Vorschlag bei kleineren Kindern wohl ganz gut ziehen kann, aber dass man spätestens ab der Pubertätszeit damit wenig erreicht.

Als ein Kompromissvorschlag scheint nur möglich, dass das Kind seinen Willen bekommt und die Mutter ihren. Das geht in manchen Situationen, in anderen geht es aber nicht. Und befriedigen tut es beide nicht wirklich.
Das Gespräch ging einige Zeit so hin und her, ohne dass eine befriedigende Lösung gefunden wurde. Glücklicherweise klingelt es und herein kommt verspätet Frau Klein, deren Erscheinen alle sichtlich erfreut. Die etwas gedrückte Stimmung hebt sich wieder und natürlich wird – nachdem sich alle wieder gesetzt haben – auch ihr die Frage vorgelegt, was sie denn meint, wie man mit einem trotzigen Kind umgehen soll? Sie als ehemalige Erzieherin müsse doch davon einiges verstehen.

„Ach", beginnt Frau Klein, „ich stelle mir in einer solchen Situation erst einmal den kleinen Menschen so richtig vor, wie er so dasteht und wie er in seinem Wesen aufkeimend ‚ich will' erlebt und auch sagt. Ist es nicht etwas besonders Schönes, wenn so ein kleiner Mensch plötzlich bemerkt, dass er ein Mensch ist? Ein selbständiges, wenn auch noch kleines Wesen? Wenn er trotz seiner Kleinheit und seiner noch geringen Kraft so vor den erwachsenen, großen Menschen stehen kann und sich traut ‚nein' zu sagen? Wenn ich mir das so recht vorstelle, meine ich immer, in solcher Situation müssten eigentlich die Eltern eine besondere Freude erleben. Denn hier wird eine Grundlage gelegt für Selbstbewusstsein und zu einer späteren freundschaftlichen Beziehung zwi-

schen Eltern und Kindern. Leider hat man es früher ganz anders gesehen und daran hat sich bis heute nur teilweise etwas geändert. Man meinte, dieser kleine Mensch müsse unbedingt lernen, die Autorität der Erwachsenen zu achten, ja er müsse am Erwachsenen lernen, wie man andere unterwirft. Inzwischen beginnt man da langsam anders zu denken. Es stimmt zwar, dass der Erwachsene ein Führer sein sollte für die Kinder, dass er den Kindern vorleben sollte, was sie lernen sollen. Aber er muss sie auch wachsen und zu einer Selbständigkeit kommen lassen und genau hier fängt das Problem eben gerade an. Wir wollen doch nicht Kinder, die genau so sind, wie _wir_ uns das vorstellen! Dazu wäre im Übrigen viel Dressur wie bei einem Tier notwendig. Wollen wir wirklich einen Menschen haben, der später in seinem Leben nur das tut, was wir oder andere wollen? Wollen wir nicht lieber einen Menschen haben in unseren Kindern, der uns gegenübersteht, der für sich einsteht, der ein eigenes Wesen ist. Ein Wesen, mit dem man sich verbünden kann. Ein Wesen, mit dem man Freundschaft pflegen kann. Ein Wesen, das einen anreizt in seiner Verschiedenheit zu unserem eigenen Wesen?
Ich verstehe, dass es einem schwerfällt, freudig zu erkennen, dass der noch kleine Erdenbürger gerade in seinem ‚ich will' uns selbst nachmacht. Denn wir stellen seinem ‚ich will' unser eigenes ‚ich will' gegenüber. Ist es nicht dasselbe, was in uns ist, wie das, was hier in dem Kind vor uns beginnt?

Tatsächlich läuft es meistens auf einen Machtkampf hinaus. Wenn ich jedoch das Kind als etwas Vollwertiges annehme, als etwas, das genauso ein Mensch ist wie ich, ein zwar noch nicht erwachsener, aber seine Selbständigkeit beginnender Mensch, dann gehe ich insoweit darauf ein, dass ich respektiere, dass er einen eigenen Willen hat und haben darf (und soll). Ich sage ihm, ich finde das schön, dass du einen Willen

hast, der unabhängig von mir ist. Genauso habe ich auch einen Willen und der ist unabhängig von deinem. Dann frage ich das Kind: Was werden wir nun tun? Dann kann entsprechend den verschiedensten Gelegenheiten mal der eine und mal der andere seinen Willen durchsetzen und mal auf seinen eigenen Willen verzichten. Und auch das Verzichten will gelernt sein.
Es ist gut und wichtig, wenn wir Erwachsene, die wir das schon gelernt haben sollten, auch da ein Vorbild sind. Der Anreiz, etwas Neues zu lernen und zu üben, ist meist sehr groß und dazu gehört auch das freiwillige Verzichten. Dazu gehört zunächst vor allem, dass wir den Willen des Kindes richtig anerkennen und gleichwertig dem unseren gegenüberstellen.

Vielleicht hat der eine oder andere jetzt den Einwand, dass ein Kind das oft noch gar nicht überschaut und einsieht. Aus meiner Erfahrung kann ich dazu nur sagen, leichter noch sieht es das Kind ein als der Erwachsene. Aber das ist ein anderes Thema. Einem Erwachsenen mit der Einstellung, dass das Kind ein selbständiges Wesen werden soll, so wie er es hoffentlich auch ist, eröffnen sich viele Lösungsmöglichkeiten in dieser Richtung. Da gibt es z.B. etwas, das wir in einer solchen Situation so leicht vergessen und was eigentlich so ganz einfach wäre: nämlich die Zauberworte ‚Ich bitte dich!'."
Hier endete Frau Klein und eine nachdenkliche Stille folgte ihren Worten. Alle dachten über ihre Worte nach und über den Bezug zu ihrem eigenen Leben.

Frau Klein unterbrach schließlich die Stille und fing an, davon zu sprechen, wie der Tisch so schön dekoriert sei und wie die Torte so gut schmecke und überhaupt wie schön es sei, dass man sich hier wieder einmal treffe. Schnell plauderten wieder alle durcheinander und schließlich ging man befriedigt und beruhigt nach Hause.

Die Mutter von der kleinen Hannah war besonders angerührt worden von den Worten von Frau Klein und begann gleich damit, dies zu Hause umzusetzen und sich darin zu üben. Sie streichelte ihrer Tochter Hannah über das blonde Haar, als sie am Abend in ihrem Bett lag, und sagte ihr ganz leise ins Ohr: „Ich liebe dich, meine kleine Hannah."

– Das Thema belogen werden und lügen begleitet uns durch das ganze Leben. Wie wir damit umgehen, hängt sehr von unseren Erfahrungen in der Kindheit ab. Hieraus kann sich ein ungesundes Misstrauen entwickeln und durch das ganze spätere Leben ziehen. Man denke nur an den Spruch: „Wer einmal lügt, dem glaubt man nicht, auch wenn er nun stets die Wahrheit spricht." Welche Rolle die ersten Erfahrungen dabei spielen, zeigt die folgende Geschichte. –

Warum lügst du immer?

Eine besonders unangenehme Sache ist für viele Eltern, wenn sie ihre Kinder beim Lügen ertappen. Doch was kann dahinterstecken?

Sie sah mich an mit einer Mischung von Verschlossenheit, Lächeln, Trotz, listiger Hintergründigkeit und schwieg. Sie war 6 Jahre alt und hieß Sophie. Ihr Vater war Landgerichtsrat, 38 Jahre alt, ein intelligenter und scharfsinniger Mann. Da Sophies Mutter wegen einer Gallenoperation unvorhergesehen ins Krankenhaus musste, hatte er sich freigenommen und war selbst mit der Tochter zu mir in die Sprechstunde gekommen. Er machte den Eindruck eines gekränkten Mannes, als er mir im Beisein der kleinen Patientin sagte: „Sophie lügt immer." Nun wartete er im Wartezimmer, während Sophie jetzt vor mir saß.
Ich fragte sie: „Du lügst immer? Warum?" Sie machte den Mund nicht auf und sah mich eigentümlich an. Ich stand auf, ging um den Tisch herum, setzte mich neben sie und sprach zu ihr über ihre netten Schuhe und das hübsche Kleid, das sie anhatte. Ich merkte, dass ihr meine Worte nicht gleichgültig waren, aber sie beobachtete alles abwartend und sagte nichts. Dann versuchte ich, mir einen gerade entdeckten

Fleck aus meinem Ärmel zu reiben, und machte einen Finger dazu mit etwas Spucke nass.
„Das macht man nicht!", platzte sie heraus. Um die entstandene Gesprächsbrücke zu nutzen, fragte ich sie: „Habt ihr keinen Hund zu Hause?" Sie schüttelte den Kopf und sah mich jetzt offen und neugierig an: warum ich das wohl jetzt gefragt hatte.
So antwortete ich selbst: „Wir haben nämlich einen. Mit so einem Hund, da kann man was erleben! Stell dir vor, als meine Tochter 3 Jahre alt war, mussten wir sie einmal kurz mit dem Hund allein zu Hause lassen. Ich weiß, es ist nicht schön, wenn so ein kleines Kind zu Hause allein bleiben muss, aber es ließ sich nicht vermeiden. Auf dem Tisch stand auf einer Untertasse noch ein kleiner Pudding. Damit keine Fliegen an ihn rangingen, hatten wir, bevor wir gehen mussten, noch schnell eine Tasse über den Pudding gestülpt. Als wir kurz darauf wieder nach Hause kamen, war der Pudding verschwunden. Natürlich haben wir unsere Tochter gefragt, ob sie den Pudding gegessen hätte, aber sie hat nur heftig den Kopf geschüttelt und gesagt: „Das war der Hund!"

Aber der Hund konnte ja den Pudding gar nicht gefressen haben, denn die Tasse stand noch immer wie vorher auf der Untertasse. Jemand musste die Tasse hochgehoben, den Pudding gegessen und danach die Tasse wieder auf die Untertasse getan haben. So was kann ein Hund aber nicht, also konnte es nur unsere Tochter gewesen sein. Warum lügt sie?, haben wir uns da gefragt." „Ich weiß es!", rief meine kleine Patientin dazwischen. „Sie hat Angst vor Ihnen und sie hat sich nicht getraut, Ihnen zu sagen, dass sie den Pudding gegessen hat. Sie hätten sie nämlich geschimpft!" Sie triumphierte richtig, weil sie überzeugt war, dass auch ich offensichtlich ein Vater war, vor dem die eigenen Kinder Angst haben. „Sie hat Angst vor Ihnen!"

Da saß ich nun mit meiner Hundegeschichte. Ich hatte auf etwas ganz anderes hinauswollen, nämlich ihr zu erklären, dass alle kleinen Kinder ihre Eltern für allwissend halten müssen. Ich wollte ihr verständlich machen, was es damit auf sich hat, dass Eltern immer schon vorher wissen, dass man sich brennt, wenn man an den heißen Herd fasst, dass man sich schneidet, wenn man mit der Messerklinge über die eigenen Finger fährt, dass die Vase kaputtgeht, wenn man sie fallen lässt oder dass man schwitzt, wenn es heiß ist. Kleine Kinder haben nämlich noch nicht gelernt, aus bestimmten Umständen zu erkennen, was für Folgen eintreten werden, wenn man etwas Bestimmtes tut. Eltern haben das längst gelernt. Sie wissen zum Beispiel, dass der Hund die Tasse nicht wieder über den leer gegessenen Teller decken kann, auf dem vorher der Pudding lag.

Erst im Alter von 3–4 Jahren beginnen Kinder zu erleben und zu erfassen, dass ihre Eltern nicht allwissend sind. In dieser Zeit leben die Kinder auch in einer lebhaften Phantasiewelt. Sie erzählen Handlungen und Vorkommnisse, die sich in Wirklichkeit gar nicht zugetragen haben, die sich aber zugetragen haben könnten, ohne dass ein anderer das noch überprüfen kann. Nehmen wir beispielsweise an, der Teller mit dem Pudding hätte für den Hund in erreichbarer Nähe gestanden und wäre nicht zugedeckt gewesen, dann hätte niemand feststellen können, ob es nicht doch der Hund war, der den Pudding gegessen hatte. Kinder werden in dieser Entwicklungsphase selbständiger und im Selbstbewusstsein ihren Eltern ebenbürtiger. Sie merken, dass sie nicht wie bis dahin wie ein aufgeschlagenes Buch vor ihren Eltern liegen, sie merken, dass Eltern sich irren können, wie sie selbst auch, und dass alle Menschen gleichermaßen an ihren Aufgaben zu knacken haben, gleichgültig wie alt sie gerade sind. Wenn einem Kind in diesem Alter das Lügen nicht gelingt, wenn es

dabei immer ertappt und durchschaut wird, dann verfestigt es eigene Minderwertigkeitsgefühle. Dann bleibt es im Leben in der Täuschung befangen, dass es zwei Sorten Menschen gibt: die Oberen, Besseren, alles Wissenden und die Unteren, die Dummen, die mit dem, was sie tun, für die anderen durchschaubar bleiben.
Unsere kleine Patientin hatte einen überdurchschnittlich intelligenten Vater, noch dazu von Beruf Richter. Da ist es schon sehr schwer, im Alter von 3–4 Jahren mit dem Lügen durchzukommen. So ein Vater durchschaut zu viel und zu schnell. Das war es, wo ich hatte bei ihr ansetzen wollen. Stattdessen hatte sie mich am Wickel, „Sie hat Angst vor Ihnen!", hatte sie mir triumphierend erklärt.
„Hast du auch Angst vor deinem Vater?", fragte ich zurück.
„Ich glaube ja", erwiderte sie zögernd. Damit begannen unsere Gespräche.

Es gibt Kinder, die lügen nicht nur im Alter von 3–4 Jahren, wenn ihre Phantasie in Konflikt kommt mit der Umwelt, insbesondere mit ihren Eltern, sondern auch später, wenn sie längst aus dieser Entwicklungsstufe herausgewachsen sind. Dann hat das Lügen verschiedene Bedeutungen. Einmal dient es dazu, aus der Alltagswirklichkeit in eine Welt der Phantasie zu entkommen. Dann soll die Lüge die unheimliche Wirklichkeit verdecken und womöglich ersetzen. Ein andermal dient das Lügen zum Prahlen und Aufschneiden. Ein solcher Mensch fühlt sich minderwertig und selbst unsicher. Er lügt, weil er sich auf diese Weise aufwerten und interessant machen möchte. Wieder eine andere Lügensorte dient dazu, den Zusammenstoß zwischen gestellten Forderungen und den davon abweichenden Leistungen zu vermeiden. Die Mutter verlangt, dass man ein gutes Diktat schreibt, es ist aber leider ein schlechtes Diktat geworden. Es wird deshalb einen Zusammenstoß geben. Mit Hilfe der Lüge wird versucht, diesem und den damit möglicherweise verbundenen Bestrafungen zu entgehen.

In allen Fällen findet sich die gleiche Ursache. Immer ist die Lüge ein Signal dafür, dass Selbstvertrauen entwickelt werden muss, und zwar so viel Selbstvertrauen, bis derjenige, der zuvor seine Zuflucht zur Lüge genommen hat, mit sich selbst zufrieden ist. Dann braucht er das Urteil anderer nicht mehr zu scheuen. Dann ist er einer von uns in unserer gemeinsamen Welt, in der wir alle gleichwertig sind.

„Jungen haben es leichter", sagte Sophie einmal, „und Papa weiß alles besser als Mama" fügte sie erklärend hinzu. Damit hatte sie mir einen wichtigen Hintergrund ihres Lügens mitgeteilt. Sie konnte sich nicht ebenbürtig fühlen. Sie hatte Angst vor ihrem für sie übermächtigen Vater, der ihr nicht nur voraus war mit der Fähigkeit, gut zu kombinieren und vieles besser durchschauen zu können, sondern der sie das auch viel zu oft fühlen ließ. Dreht man den Spieß um und schaut sich das umgekehrt herum an, lässt sich darauf schließen, dass auch der Vater immer genau wie seine Tochter in solchen Situationen mit Selbstunsicherheiten zu kämpfen hatte, die er auf diese Weise auszugleichen versuchte.

Sophie und ich machten Spiele. Wir malten zusammen und redeten manchmal dabei. Unser Ziel bestand darin, dass Sophie nicht immer auf andere, insbesondere auf den Vater blickte, wenn sie sich ihre Meinung bilden und ihre Wünsche äußern wollte, sondern dass sie zuerst auf sich selbst schaute. Sie lernte mit sich selbst wie mit ihrer besten Freundin umzugehen. Dadurch lernte sie, auch ihren Vater in einem menschlicheren Licht zu sehen, und brauchte immer weniger die Lügen.

Eine weitere Hilfe für Sophie war ein klärendes Gespräch mit ihrem Vater, der seinerseits und auch für sich selbst erst einmal lernen musste, bei dem Verhalten von Sophie nicht in jedem Fall so detailgenau hinzusehen und auch einmal „fünfe gerade sein" zu lassen. Dann musste er sich nicht mehr so gekränkt fühlen, wenn etwas unaufgeklärt blieb. Er lernte so, sich und seine Tochter besser zu verstehen.

– Jeder kennt die Situation, gerade in einer unpassenden Situation einen „roten Kopf" zu bekommen, zu erröten. Aber wir werden als Erwachsene damit irgendwie fertig. Dennoch ist es meist peinlich und unangenehm. Für Kinder ist es besonders unangenehm und kann schlimme Folgen haben. Der Umgang der anderen verstärkt dann meist noch das Problem, anstatt es aufzulösen. Der folgende Fall von Lukas zeigt die Hintergründe dafür auf und ermöglicht so, das Phänomen in den Griff zu bekommen. –

Ein großes Problem: Erröten

Im Kindesalter, wenn dieses Phänomen erstmals auftritt, ist Erröten besonders unangenehm und kann schlimme Folgen bis hin zu Selbstmordgedanken hervorbringen, wie die folgende Geschichte zeigt.

Er heißt Lukas und ist der älteste von 3 Geschwistern, einer 4 Jahre jüngeren Schwester und einem 6 Jahre jüngeren Bruder. Lukas' Vater ist Industriekaufmann, 46 Jahre alt, geschäftstüchtig, ehrgeizig und fleißig. Die Mutter ist 42. Sie ist stolz auf ihren Mann und die Kinder, die alle, wie sie sagt, gut geraten sind. Um es mit ihren Worten zu sagen, sie tun, was sich gehört. Der Vater hatte mich telefonisch um eine Beratung gebeten, weil Lukas in letzter Zeit ganz unverständliche Züge von Verstocktheit biete. Auch sein sonst guter Ordnungssinn sei plötzlich übersteigert. Der Vater wollte von mir wissen, ob es einfache Möglichkeiten gibt, den Jungen wieder ins „Gleis" zu bekommen. In letzter Zeit stelle sich Lukas auch so merkwürdig an, denn er erröte häufiger, aber das sei wohl nebensächlich. „Leidet er darunter?", fragte ich. „Worunter?", fragte der Vater überrascht zurück. „An seinem Erröten", erklärte ich. „Ach so", sagte der Vater, „das könnte schon sein, aber ist das wichtig?"

Inzwischen ist Lukas schon einige Male bei mir gewesen. Sein Erröten peinigte ihn entsetzlich. Wir waren miteinander erst ganz allmählich ins Gespräch gekommen. Zunächst war er einsilbig und zurückhaltend. Er wirkte mit seinem Verhalten auf mich wie ein Mensch, der viele schlechte Erfahrungen gemacht hat, der sich deshalb rundherum absichert und darüber hinaus ohne Hoffnung ist. Er scheint in seinem Elternhaus viel unverstandener zu sein, als die Eltern ahnen, dachte ich mir. Zudem hinderten ihn die Erfahrungen und Umgangsweisen, die er sich daheim im Elternhaus angeeignet hatte, offensichtlich daran, mich als seinen Partner zu erkennen und für sich zu nutzen. Er konnte in seiner Not nicht einfach Zuflucht bei mir suchen und mich als sachkundigen Verbündeten für sich verpflichten, weil er die Verhältnisse bei sich zu Hause auf mich übertragen hatte und mir infolgedessen mit Misstrauen und Abwehr begegnen musste.

Erst nachdem er das selbst durchschaut hatte und nachdem ihm außerdem in unseren Gesprächen klar geworden war, dass ich kraft meines Berufs als Arzt seinen Lehrern und Eltern gegenüber Stillschweigen bewahren musste, nahm er mich als Verbündeten an. Und da stellte sich heraus, dass er drauf und dran war, sich selbst das Leben zu nehmen. Ganz ernsthaft hatte er dafür schon Vorbereitungen getroffen. „Wirst du rot, dann mahnt dich Gott!", hatte ihm mal jemand gesagt. Lukas hatte daraus den falschen Schluss gezogen, dass eine Mahnung Gottes nichts anderes bedeuten könne als die Bekräftigung bestehender Verbote. In diesem Irrtum befangen, hatte Lukas sich gesagt, dass er immer nur dann errötet, wenn etwas Verbotenes in ihm zum Vorschein kommen wollte. So war er zu dem völlig falschen Ergebnis gekommen: Jedes Erröten stempelt mich ab zu einem schlechten Menschen und offenbart allen anderen, die es sehen, dass ich schlecht und verwerflich bin!

Als Erstes hatte er daraufhin eine panische Angst entwickelt, die ihn schon vor jeder Möglichkeit ergriff, in der er eventuell erröten könnte. Weil sich dieser Zustand nicht besserte, sondern im Gegenteil mit der Zeit immer schlimmer wurde, wollte er sich in tiefer Selbstverachtung selbst umbringen, um seinen Eltern und auch sich selbst die Schmach seines Lebens zu ersparen.

Den entscheidenden Ausschlag dafür hatte gegeben, dass ihn sein Vater, seine Geschwister, zwei seiner Lehrer und ein Mitschüler ganz gezielt mit dem Erröten hänselten. „Seht ihn an, wie er rot wird!", riefen sie. Das taten sie auch dann, wenn er bis dahin noch gar nicht errötet war. Zu seinem Entsetzen schoss ihm dann prompt das Blut so in die Wangen, dass er am liebsten im Erdboden versunken wäre. Und dann lachten sie über ihn. Nur sein Vater nicht, der zeigte stattdessen so etwas wie Verachtung, wenn sich der so hervorgerufene Blutandrang in Lukas' Gesicht einstellte. Nach nicht allzu langer Zeit konnten wir die Behandlung mit einem recht zufriedenstellenden Ergebnis abschließen, so dass Lukas mich in dieser Sache aus unserem Bündnis entlassen und die Behandlung beendet hatte. Beim Abschied hat er mir ganz kräftig die Hand geschüttelt und mich fröhlich angesehen. „Falls ich Sie mal wieder brauche", hat er gesagt, „werde ich wiederkommen."

Was war geschehen? Lukas hatte in unserer Zusammenarbeit erkannt, dass jedes Erröten ein nach außen sichtbarer Ausdruck von Gefühlen ist, oft von unbemerkten Gefühlen. Er hatte erkannt, dass seine Eltern ihm zu selten erlaubt hatten, seinen Gefühlen Ausdruck zu geben. Als er zu mir kam, lachte er deshalb zu wenig und schimpfte auch zu wenig. Er wagte nicht zu weinen, weil ihm fälschlicherweise eingeredet worden war, dass Jungens so etwas nicht tun. Er erlaubte sich zu wenig zu schmusen, zu wenig zu grollen, zu wenig richtig ausgelassen zu sein. „Wirst du rot, so mahnt dich Gott." Dieses an und für sich unsinnige Sprichwort verstand er jetzt in dem einzigen Sinn, in dem wir es heute verstehen können. Jetzt bedeutet es für ihn nämlich, dass er durch Auftreten des Errötens daran erinnert wird, seine Eigenart mehr zu entfalten, vor allem seinen Gefühlen einen freieren Lauf zu lassen, auch gegen die missbilligenden Gesichter seiner Eltern, die ja selbst in ihrer Lebensentfaltung furchtbar gehemmt waren.

Als sein Lehrer ihn kürzlich wieder auf sein Erröten ansprechen wollte, da merkte Lukas ganz deutlich, dass er gerade diesem Lehrer sehr viel herzlicher zugetan war, als er es ihm zeigen mochte. Und das war nichts Böses. Als ein Mitschüler ihn neulich wieder zu hänseln versuchte, antwortete Lukas ihm: „Du bist ein gefühlskalter Streber und doof obendrein, du kannst mir wirklich leidtun!" Sie werden verstehen, dass jetzt an Selbstmord nicht mehr zu denken war. Lukas hatte damit begonnen, sich selbst als seinen besten Freund anzunehmen und zunehmend mehr zu sich zu stehen.

– Das Streben nach Gerechtigkeit zwischen den Menschen, und insbesondere in Bezug auf uns selbst, ist für die meisten von uns sehr wichtig. Die Erfahrungen, die wir mit Ungerechtigkeiten in unserer Kindheit gemacht haben, werden wir in das spätere Leben übertragen. Ungerechtigkeitsempfindungen entstehen im Verhalten von Menschen untereinander. Dabei ist interessant, dass unterschiedliche Motive und Sichtweisen der Beteiligten zu Missverständnissen führen können, obwohl von beiden Seiten Gerechtigkeit angestrebt wird. Eine solche Situation beschreibt die nächste Geschichte und zeigt, dass es Lösungswege gibt. Sie sind aber nicht leicht zu beschreiben. –

Ungerechtigkeit: Das Tintenfass

Wie oft verhalten sich Erwachsene ungerecht? Natürlich nur ganz selten, so denken und hoffen sie. Schließlich haben sie den Überblick, den Kinder noch gar nicht haben können. Dass es ganz anders sein kann, beleuchtet die folgende Geschichte.

Noch heute steht mir deutlich eine Erinnerung vor Augen, auch wenn es schon Jahre her ist: Ich komme nach Hause und treffe dort nur meine damals 12-jährige Tochter Laura. Sie ist gerade intensiv damit beschäftigt, die offenbar auf meinem Schreibtisch ausgeflossene Tinte mit Löschpapier aufzusaugen. Ich sehe dort in der Tinte liegend das halbfertige Gutachten, an dem ich gerade arbeite, und andere für mich wichtige Unterlagen und Papiere. Ich stelle keine Fragen. Der Tatbestand erscheint mir völlig eindeutig.
Es kann ja nur meine Tochter sein, die das getan hat. Was hat sie überhaupt an meinem Schreibtisch zu suchen? Ich bin verzweifelt und wütend zugleich. Ich brülle sie an, beschimpfe sie, schicke sie in ihr Zimmer, höre mir ihre rechtfertigen-

den Einwände nicht an, knalle die Tür zu, bin außer mir. Dann versuche ich mich selbst mit dem Löschpapier, mache dabei meine Finger voll Tinte. Ich habe nur die eine Genugtuung, dass ich bei ihr, einmal auf frischer Tat ertappt, eine richtig angebrachte, emotional getragene Erziehungsmaßnahme angewandt habe.

Da kommt meine Frau zur Tür herein. Etwas atemlos vor Eile sagt sie: „Oh je, du bist heute schon so früh heimgekommen?! Mir ist ein schlimmes Missgeschick passiert! Ich habe etwas auf deinem Schreibtisch gesucht und dabei ist mir die Tinte umgekippt. Ich habe Laura gebeten, möglichst alles mit Löschblättern wegzusaugen, während ich in die Drogerie gelaufen bin, um schnell Tintentod zu holen. Wo ist Laura überhaupt?"
Ich sitze, wie von einem Keulenschlag betäubt, auf meinem Stuhl und bringe kein Wort heraus. Laura ist es also gar nicht gewesen! Im Gegenteil! Sie hat mir beistehen und den Schaden mindern wollen. Ich habe ihr gewaltig Unrecht getan!

Ich weiß dies nicht erst Jahre später, sondern genau jetzt, wo erst wenige Minuten vergangen sind. Laura sitzt jetzt in ihrem Zimmer und heult. Ich liebe Laura, ich möchte sie jedenfalls mehr lieben als meine Papiere und jenes Gutachten. Was kann ich tun? Wenn ich ernst nehme, was ich in der Psychopädie von Liebe üben und vom Umgang mit sich selbst gelernt habe, dann müsste ich jetzt warmherzig und liebevoll mit ihr reden.
Gedacht, getan. Ich ziehe meine Krawatte zurecht, kämme mir auch noch einmal die Haare und gehe energisch zu Lauras Zimmer, dabei mache ich ein lächelndes Gesicht und sage beim Eintreten: „Laura, Liebling, sieh mal, wie schön draußen die Sonne scheint. Lass uns rausgehen und später vielleicht ins Kino. Es läuft ja gerade der Film, den du so gern sehen

willst!" Doch Laura sitzt ungerührt da, steif wie ein Brett. Sie erwidert nichts. Sie blickt nicht einmal auf. Sie grollt ganz offensichtlich. Wenn ich ihre Gedanken hören könnte, dann würde ich vielleicht vernehmen: „Laura, pass bloß auf, was das Ekel jetzt im Schilde führt."
Mit dem freundlichen Zuspruch ist es offenbar nichts, wenn so schwere Enttäuschungen vorausgegangen sind. Im Gegenteil! Der freundliche Zuspruch scheint in einem solchen Zusammenhang nur noch mehr Aggressionen und vielleicht sogar depressive Verstimmungen auszulösen. In der Theorie ist leicht einzusehen, dass ich Laura erst einmal um Verzeihung bitten muss. Und dabei kommt es nicht auf bestimmte Worte an, sondern darauf, ob sie merkt, dass ich mein Verhalten unbeschönigt und wirklich als schlimm und unfreundschaftlich erkannt habe und von Herzen bereue. Und dass ich sie bitte, mir das zu vergeben und mir weiterhin ihre Freundschaft zu gewähren.

Nicht Worte sind hier entscheidend, sondern die offene Kapitulation vor der eigenen, also doch ganz menschlichen Unzulänglichkeit. Nur wenn sie davon berührt wird, dann wird sie vielleicht von sich aus ihren Arm um mich legen, mich trösten und sagen: „Es war ja gar nicht so schlimm! Lass uns bei dem schönen Wetter ein bisschen spazieren gehen und vielleicht können wir noch ins Kino gehen! Komm!" Dann wird wieder Frieden eingekehrt sein.

– Oft höre ich, dass Geschwisterliebe selbstverständlich ist, jedenfalls gesunderweise. Doch ist das wirklich so? Schon in der biblischen Geschichte von Kain und Abel wird beschrieben, dass dies keineswegs eine Selbstverständlichkeit ist. Wenn man also genau hinschaut, dann wird deutlich, dass es sich bei Geschwistern untereinander von Anfang an um eine Konkurrenzsituation handelt. Wenn nämlich ein Geschwister auf die Welt kommt, dann muss das Erstgeborene massive Verzichte in Bezug auf die Zuwendung mindestens von Seiten der Mutter hinnehmen. Konkurriert wird stets um Zuwendung und Anerkennung durch die Eltern und Erzieher. Das begleitet Geschwister durch ihr ganzes Leben, ob sie es wollen oder nicht. Es kommt darauf an, die Zusammenhänge zu verstehen und sich damit einigermaßen zu arrangieren. Es ist nicht leicht für Eltern, ihre Zuwendung den unterschiedlichen Kindern gegenüber einigermaßen gerecht aufzuteilen. Erschwerend kann dazu noch der Umgang der Eltern untereinander ein schwieriges Vorbild abgeben. Die folgende Geschichte eines Geschwisterpaares und ihrer Eltern macht das Geschehen anschaulich und bietet zugleich Ansätze zur Erleichterung im Umgang mit der Situation. –

Die Geschwister leben wie Hund und Katze

„Es ist immer Streit zwischen unseren Kindern! Das kann ich überhaupt nicht verstehen und schon gar nicht akzeptieren. Mein Mann und ich führen eine so glückliche Ehe. Bei uns gibt es nie Streit. Wir sind uns immer einig. Es ist deshalb für uns besonders merkwürdig und ärgerlich, dass sich unsere beiden Kinder ständig in den Haaren liegen. Wenn Pia einen Ball hat, will ihn Daniel haben, wenn Daniel Verstecken spielen will, will sie im Sand spielen. Eine Einigkeit kommt nie zustande. Von wem die Kinder das bloß haben? Bekommt einer seinen Wunsch erfüllt, so steht der andere daneben

und sagt, der bekommt immer alles, oder die bekommt immer mehr als ich. Und am Schluss der Auseinandersetzungen heißt es immer wieder: Na, wenn die nicht wäre, dann wäre ich allein, dann würde ich alles bekommen. Und umgekehrt ist es genau dasselbe. Wir sind doch beide so auf Gerechtigkeit aus. Keines von den Kindern bekommt je etwas, was mehr Geld gekostet hätte als das andere. Wir teilen alles ganz genau ein. Bekommen die Kinder einmal Schokolade geschenkt, so wird sie ganz gerecht in 2 Hälften geteilt. Und trotzdem meinen die Kinder immer, dass sie ungerecht behandelt werden." So klagen Herr und Frau Müller in meiner Sprechstunde.
Gehen wir zunächst einmal davon aus, dass das Kind recht hat, dann müssen wir uns jetzt fragen, wo könnte denn aus Kindessicht die Ungerechtigkeit der Eltern liegen? Die ist ja überhaupt nicht zu sehen. Denn als ich weiter nachfrage, berichtet die Mutter, dass sie beiden Kindern auch jede Woche genau dasselbe Taschengeld gibt, dass sie, wenn Besuch kommt und beide Kinder Verschiedenes mitgebracht bekommen, genau darauf achtet, dass beide es gleichmäßig untereinander aufteilen, soweit das möglich ist. Wenn es einmal nicht möglich ist, so legt sie bei dem Kind, das weniger bekommen hat, das Fehlende dazu. „So wie jetzt kann es aber nicht mehr weitergehen", klagt sie. Denn in letzter Zeit strenge sie dieser Streit der Kinder untereinander so an, dass sie auch mit ihrem Mann Meinungsverschiedenheiten bekomme, die sie nicht wolle. Doch davon würden die Kinder nichts mitbekommen, denn das würden sie selbstverständlich nie im Beisein der Kinder austragen.

Wie ist die Lage? Der Sohn Daniel ist 3 Jahre älter als Tochter Pia. Seine Wünsche sind größer und anderer Natur als die der kleineren Schwester. Dennoch erlebt er immer wieder, dass er alles genauso wie die kleine Pia bekommt, dass er alles, was er bekommt, mit ihr teilen muss. Früher, als er noch klein war, da war das anders. Da war die Schwester noch nicht da und er als der Einzige bekam alles. Aber dann kam sie auf die Welt. Von da ab drehte sich alles fast nur noch um sie. Er kam damals gerade in den Kindergarten. Wenn er danach nach Hause kam und der Mutter erzählen wollte, was alles los gewesen war, da war sie regelmäßig beschäftigt mit der Kleinen oder die Kleine schlief und es wurde ihm sofort angedeutet, er müsse ruhig sein und auf das Schwesterchen Rücksicht nehmen.

Kamen Verwandte zu Besuch, so wurden nicht etwa seine Erfahrungen und seine neuen Basteleien und seine Malkunst bewundert, nein, ihm wurde nur gesagt: „Na, du bist ja schon ein großer Junge geworden und was du für eine süße Schwester hast." Alles drehte sich von da an nur noch um die Schwester. Daniel fand sie gar nicht süß. Aber das durfte er nicht zum Ausdruck bringen, sonst bekam er Ärger. So sagte er eben zu jedem, der kam: „Willst du mal meine Schwester sehen, sie ist so toll." Und dann sagten die anderen: „Ach, wie ist der Junge niedlich. Wie fürsorglich und liebevoll er zu seiner Schwester ist."

Schon damals hätte er stattdessen am liebsten mit der Schwester Streit angefangen und sie ordentlich verprügelt. Einmal hat er es auch versucht. Und er hat auch mal einen Bauklotz zu ihr in den Korbwagen geworfen. Aber jedes Mal kam gleich die Mutter und hat ihn ordentlich geschimpft, denn das könne dem Schwesterchen ins Auge gehen und wehtun. Ein anderes Mal hat er sie heftig am Finger gepackt. Und da hat sie laut geschrien. Mutter war sofort da, schimpfte mit ihm und brachte ihn in ein anderes Zimmer. Das liegt allerdings schon lange zurück. Daniel hat das längst vergessen. Geblieben ist nur das dumpfe Gefühl: Wenn die nicht da wäre, dann wäre das Leben schön, dann hätte ich alles, dann könnte mir Vater jetzt ein richtiges Fahrrad schenken, so aber muss ich warten, bis sie groß genug ist und Vater so viel Geld hat, dass er uns beiden eins schenken kann. Ich glaube, es ist ganz deutlich geworden, dass hier eine Ungerechtigkeit vorliegt und worin sie besteht. Ein Kind von 10 Jahren braucht eine ganz andere Zuwendung, ein ganz anderes Taschengeld, ganz andere Spielsachen, so wie es auch ein ganz anderes Essen braucht als ein Kind von 7 Jahren. Und wenn es mehr Kinder sind, so braucht jedes Kind und jedes Lebensalter ein anderes Maß. Wenn wir gerecht sein wollen, muss jedes Kind nur das bekommen, was ihm selbst angepasst ist. Nicht das gleiche Taschengeld ist gerecht und korrekt, eher vielleicht das altersgleiche. Ein Kind hat in jedem Fall ein genaues Empfinden dafür, was für ihn gleich und gerecht bedeutet.

Noch zu einem anderen Thema in der Geschichte, nämlich dem Umgang der Eltern untereinander. Wie ist das mit der Einigkeit? Wie geht das mit der freien Meinungsbildung? Beide Elternteile sind sich stets einig, haben sie gesagt. Nur die Kinder haben verschiedene Meinungen. Und diese Meinungen werden gegeneinander ausgetragen, denn nur eine kann wirklich bestehen bleiben. Das sehen sie ja bei den Eltern. Aber stimmt das? Ist das wirklich so im Leben? Alle Dinge können von verschiedenen Seiten aus betrachtet werden. Ein Mann sieht eine Sache meist ganz anders an als eine Frau und umgekehrt. Dies erleben aber Daniel und Pia bei ihren Eltern nicht. Da herrscht immer nur eine Meinung – und falls nicht, wird dies vor den Kindern verborgen. So sind sie sich beide unsicher und tragen ihre Unsicherheit im Kampf gegeneinander aus. Würden die Eltern ihre normalen Meinungsverschiedenheiten etwas mehr in den Kreis der Kinder tragen, so könnten die Kinder sehen, aha, so ist es in der Welt. Es gibt verschiedene Meinungen zu ein und derselben Sache. Man kann sich fragen, was ist für mich näherliegend, besser und was liegt mir ferner? Auch muss nicht immer nur eine Meinung die allein richtige sein. Verschiedene Meinungen können gleichzeitig richtig sein. Denn von allen Dingen gibt es viele verschiedene Seiten und Ansichten, die dennoch für sich gesehen alle richtig sind.

– Immer wieder schildern Kinder und Jugendliche, aber auch Erwachsene, dass sie Angstträume haben. Das sind solche Träume, die ihnen, wenn sie schlafen, große Angst bis Panik bereiten. Glücklicherweise werden sie durch das Aufwachen beendet. Aber sie halten sich danach dennoch oft in den Gedanken. Da kann man kaum von „Schäumen" sprechen, wie es manchmal gesagt wird: „Träume sind Schäume". Am Beispiel des 12-jährigen Patrick und seinen Angstträumen wird erläutert, was da im Hintergrund so vor sich gehen kann in seinem Leben. Für den einen oder anderen mag es überraschend sein, dass die hier abgeleiteten Schlussfolgerungen in eine ganz andere Richtung gehen als die, die aus einem sogenannten „gesunden Menschenverstand" oder „aus dem Bauch heraus" in eine Verstärkung des Problems führen können. –

Angstträume

Manchmal schrecken Menschen nachts auf oder erzählen morgens von Träumen, die sie sehr geängstigt hätten. Um bei einem solchen Erlebens mitzufühlen, zu verstehen, was da vor sich geht, und nicht oberflächlich auf diese Ereignisse einzugehen oder sie z.B. mit der Bemerkung: „Nimm das nicht so ernst, Träume sind nur Schäume" zu bagatellisieren, sondern auf sie ernstnehmend zu reagieren, dazu sollen die Träume von Patrick helfen. Ich nenne ihn hier Patrick, weil ich seinen tatsächlichen Namen verschweigen will. Er ist 12 Jahre alt. Seine Eltern hatten ihn zu mir geschickt, weil er mit einem Mal in der Schule nicht mehr mitgekommen war.

Patrick ist ein kluger und ernster Junge. Er ist einer, der gern nachgibt, wenn verschiedene Meinungen aufeinanderprallen. Patrick hat einen 3 Jahre jüngeren Bruder, Philipp, der ihm in allem nacheifert. Philipp möchte alles schon genauso gut können wie Patrick, möchte genauso lange abends aufbleiben wie der. Er isst und trinkt, was Patrick gerne mag, obgleich ihm das alles noch gar nicht so gut schmeckt, er spielt mit, obwohl es nicht so wirklich Spaß macht, ja er eigentlich nicht recht versteht, wie man daran Spaß haben kann usw. Das Verhalten, dass Philipp dem 3 Jahre älteren Bruder alles gleichtun will, gibt oft Anlass zu Ärger in der Familie, besonders bei Patrick. Denn Patrick ist, wie gesagt, sehr nachgiebig und seine Lage ist nicht einfach. Wie soll er sich denn verhalten, um sich durchzusetzen, um den ihm gebührenden Abstand zu errichten und zu erhalten, obgleich ihm sein Bruder Philipp gut gefällt und obgleich er ihn gern hat. Das bringt Patrick dermaßen durcheinander, dass es sich bei ihm sogar in der Schule auswirkt. Er kann nicht mehr richtig arbeiten. Er ist unkonzentriert und nicht immer richtig bei der Sache, er versagt öfters. Er ist sehr beängstigt, weil er schon 3 x, wie er betont, was Schreckliches geträumt hat, nämlich dass Philipp schwer verunglückt. Die Tür des fahrenden ICE-Zuges, so war es im Traum, hatte sich geöffnet, als Philipp sich gerade dagegen lehnte. Er drohte rücklings hinauszustürzen. Aber immer war Patrick gerade noch aufgewacht, schweißgebadet, bevor sich das Unglück vollendete.

Erst hatte er die Träume verschwiegen. Aber seine Angst, seinem Bruder könnte vielleicht wirklich etwas zustoßen, war geblieben und beschäftigte ihn zunehmend auch tagsüber. Die Träume könnten ja eine Warnung sein. Deshalb erzählte er sie schließlich doch seiner Mutter. Die Mutter hatte daraufhin versucht ihn zu beruhigen, indem sie beschwichtigend zu ihm gesagt hatte: „Ach, Patrick, Träume sind doch nur Schäume, die bedeuten nichts, da mach dir nichts draus, es wird schon wieder anders werden." Nun hatte Patrick mitbekommen, dass ich mich in meiner Arbeit auch mit Träumen befasse und er fragte mich gleich, ob ich der Meinung sei, dass es etwas damit auf sich hat, oder ob es tatsächlich nur vorübergehende „Schäume" seien. Denn seine Albträume beschäftigten ihn trotz des Gespräches mit seiner Mutter weiter.

Um seine Frage zu beantworten, bat ich ihn, sich zunächst einmal klarzumachen, wie ein Parlament in einer Demokratie mit verschiedenen Parteien arbeitet. Es geht dort nämlich ganz ähnlich zu wie in unserem Innern. Auch da gibt es viele gegensätzliche Gefühle, Meinungen und Bedürfnisse, die alle gern zum Zuge kommen möchten. So wie jeder von uns irgendwann einmal am liebsten zu gleicher Zeit singen und essen, zu gleicher Zeit schlafen und tanzen, zu gleicher Zeit gesellig und für sich allein sein möchte. Solch Gegensätzliches, miteinander Konkurrierendes gibt es auch in der Familie, zwischen Eltern und Kindern und auch zwischen Geschwistern. Es ist beispielsweise nicht selten, dass jemand wie Patrick seinen Bruder sehr gern bei sich hat, aber dass es in ihm wie in jedem anderen Menschen auch Bedürfnisse gibt, die diesen Bruder dann und wann wegwünschen, beispielsweise dahin, wo der Pfeffer wächst, wenn er einen eben gerade stört.

Patrick hat mir da zugestimmt, ebenso wie bei der Beobachtung, dass, wenn man ein Bedürfnis hat, man von seiner Erfüllung träumt, also dass ein Hungriger ans Essen denkt, ja davon träumt und dass ein Durstiger vom Trinken und ein schwerfällig am Boden Klebender vom Fliegen träumt. Damit hatten wir den Bogen zu seinem Traum gefunden und durchschauten einen Grund für Patricks sich wiederholende Träume. Philipp hatte uns sinngemäß erzählt, dass er sich viel zu viel von Philipp aus seiner Bahn werfen ließ. Und wie eine gute Opposition es auch machen würde, lässt er genau deshalb in seinem Traum den Bruder aus dem Zug fallen. Er

unterwirft sich ihm tagtäglich in falscher Weise und an falscher Stelle. Eigentlich müsste er sich selbst gegenüber, dann aber auch bei seinen Eltern und schließlich bei Philipp darauf bestehen, dass seine Lebensweise, dass seine Rechte und Pflichten, andere sind als die seines 3 Jahre jüngeren Bruders. Dann hätte er den Sinn seiner Träume als die wichtige Stimme der Opposition in seinem Inneren verstanden.
Träume weisen sehr oft auf die Fehler hin, die sich in unsere Lebensweise eingeschlichen haben und die unserer persönlichen Natur zuwider sind. Patricks Traum zeigt ihm, allerdings verschlüsselt, dass er die Art und Weise seines Regierens ändern, dass er Philipp ein bisschen mehr fallen lassen müsste, um glücklich zu sein. Er sollte im Leben energischer zu ihm und dafür freundlicher zu sich selbst sein. So etwas kann man allerdings selbst nicht entschlüsseln. Denn in seiner Wirklichkeit meint man ja, mit seinem bisherigen Verhalten richtig zu liegen, und fühlt sich eher bestärkt darin, so wie Patrick sich jetzt mehr um seinen Bruder kümmern will als weniger.

Wir haben uns nach dieser Erkenntnis in unserem Gespräch die notwendigsten Änderungen im Einzelnen ausgemalt. Dabei hat Patrick erzählt, welche Lösungsmöglichkeiten er entdeckt hat. Z.B. zu Hause das eigene Zimmer abschließen zu können oder wenigstens eine eigene Schublade mit seinen Spielzeugen oder Büchern zu besitzen. Oder ein Warnplakat an der Tür vor seinem Zimmer vor seinem Privatbereich anzubringen mit der Aufforderung, zu klopfen. Auch ein höheres Taschengeld als der Jüngere, Sonderregelungen für die Schlafenszeit, für das Fernsehen, für das Internet gehören zu den Lösungsmöglichkeiten. Aber nicht nur zu Hause, sondern auch in den Umgang mit seinen Klassenkameraden und Freunden gehören entsprechende Abgrenzungen. Patrick hat schnell begriffen, dass er nicht alles, was ihn bewegte, immer dann im Familienkreis besprechen sollte, wenn alle beieinander waren, wie es oft bei den Mahlzeiten der Fall war. Er wollte zukünftig mehr darauf bestehen, dass er seine persönlichen Probleme mit der Mutter und vor allem auch mit dem Vater unter 4 Augen erörtern darf, denn jedes Alter spricht eine andere Sprache. Ihm fiel auf einmal auf, dass sein Bruder Philipp oft allein mit Mutter oder Vater gesprochen hatte, während er, Patrick, noch in der Schule war oder Schularbeiten gemacht hatte. Andererseits war aber Philipp immer mit dabei, wenn Patrick etwas zur Sprache brachte. Es zeigte sich, dass es gerade dieser ungleiche Umstand war, der Patrick den Schulbesuch und das Schularbeitenmachen so vergällte.

Er erkannte, dass Gleichberechtigung von Geschwistern nicht Gleichmacherei heißt, sondern gleiches Recht für jeden sich dem Alter und der Persönlichkeit gemäß entfalten muss.
Ein bewährtes Mittel, persönliche Schwierigkeiten zu überwinden, ist freundlich mit sich selbst umzugehen und in diesem Sinne die eigenen Träume als Äußerungen der eigenen Opposition wohlwollend für sich aufzunehmen. Denn in ihnen äußert sich gerade das, was wir oft irrtümlicherweise, aber doch gut gemeint von uns wegschieben möchten. So wie Patrick zunächst den falschen Impuls hatte, seinen Bruder noch mehr in sein Leben einzubeziehen und noch besser auf ihn aufzupassen. So verstanden sind Träume keine Schäume, sondern vielmehr helfende Lebenszeichen aus unserer Innenwelt. Sie stammen aus solchen Gegenden, die unsere besondere Aufmerksamkeit benötigen und verdienen. Wir verstehen Träume so etwa wie das Salz im Essen. Wenn wir von unseren Träumen eine Prise in unsere Lebenssuppe tun, dann wird sie würziger, schmackhafter und verlockender.

Patrick ist das schnell gelungen. Schon wenige Tage nach unserem längeren Gespräch waren die Verhältnisse geändert und interessanterweise kam auch Philipp dadurch besser mit sich zurecht. Die Brüder standen sich in all ihrer Verschiedenartigkeit freundschaftlicher gegenüber als zuvor. Und Patrick machte das Lernen wieder Spaß. Seine Arbeiten gingen ihm wieder leichter von der Hand. Er hatte sich geholfen. Seine eigenen Träume waren zu seiner besten Arznei geworden.

– Prüfungen begleiten den Menschen sein ganzes Leben. Umso erstaunlicher ist, dass wir damit nur selten einen angstarmen oder sogar angstfreien Umgang erlernt haben. In der Schulzeit haben wir damit Erfahrungen gemacht ohne zugleich zu lernen, wie wir mit diesen Ängsten fertigwerden oder sie gar nicht erst auftauchen lassen. Als Notlösung suchen viele Menschen einen Ausweg über Medikamente oder Alkohol und andere Drogen. Erwachsene Patienten erzählen mir von großen Ängsten vor einer Präsentation oder auch vor einer durchaus freiwillig selbst gewählten Prüfung. Sie bitten mich um Lösungsmöglichkeiten aus dem psychologischen Bereich, um damit fertigzuwerden. Die Geschichte der 13-jährigen Mia beleuchtet die Hintergründe, auf denen solche Prüfungsängste wachsen und wie man dem entgegenwirken und sie loswerden kann. –

Angst vor Klassenarbeiten/Prüfungen

In einer Zeit zunehmenden Leistungs- und Prüfungsdrucks auf unsere Schulkinder lohnt es sich, die Geschichte von Mia kennenzulernen.

Beim Durchblättern meiner Aufzeichnungen von Patienten zu dem Thema „Angst vor Klassenarbeiten" steht bei Mia, 13 Jahre alt: Ich bereite mich ganz prima vor, aber wenn ich dann zu der angekündigten Klassenarbeit in die Schule gehe, dann habe ich erst mal Durchfall und dann sitze ich da mit kalten Füßen, nass geschwitzten Händen, rotem Kopf und denke, dass ich gar nichts weiß.

Bei dem 10-jährigen Niklas heißt es: Wenn der Lehrer die Hefte austeilt und sagt, wir schreiben jetzt eine Klassenarbeit, dann ist es aus mit mir, dann werde ich ganz aufgeregt und bitte meine Nachbarn, dass sie mich ja abschreiben lassen sollen, aber die sind meist ganz mit sich beschäftigt und hören mir nicht zu. Dann höre ich gar nicht mehr richtig, was der Lehrer sagt, denn in mir ist ein solches Summen und Brummen.

Die 13-jährige Bianca klagt: Mir ist dann immer, als ob meine Mutter hinter mir steht und sagt, du bist dumm, aus dir wird nichts. Das schnürt mir die Kehle zu und dann weiß ich nichts mehr.

Das Leben kann schön sein, aber leicht ist es nicht. Es gibt ständig Arbeit. Sie beginnt damit, dass wir laufen und sprechen und unsere Bedürfnisse erkennen und äußern lernen. Die Arbeit setzt sich fort, indem wir uns mit allen Dingen und Vorgängen vertraut machen, die uns umgeben. Dazu gehört schließlich auch das, was uns in der Schule an Wissen und Erfahrung angeboten wird. Klassenarbeiten sind, richtig verstanden, regelmäßig eingefügte Selbstkontrollen, die es den Schülern ermöglichen sollen, ihren Leistungsstand zu überprüfen. Gleichzeitig können die Mitschüler sich untereinander vergleichen, sich miteinander messen und sich ggf. ergänzen. Den Lehrern wird dadurch ermöglicht, das Tempo ihres Fortschreitens zu kontrollieren und festzustellen, bei wem ihre Hilfe und ihre Aufmerksamkeit besonders angebracht ist.

Unsere Aufgabe ist es, denjenigen beizustehen, die an Angst vor Klassenarbeiten leiden. Gehen wir deshalb noch einmal die Fälle durch mit der Frage, was hier geändert werden bzw. wie geholfen werden kann. Die 13-jährige Mia, die sich immer prima vorbereitete, dann aber doch Durchfall und nasse Hände hat und sich einbildet, dass sie nichts weiß, sagte mir noch, dass sie sich auch anderswo besonders kindlich und ausgeliefert vorkomme. „Ich sehe in dem Lehrer jemanden, dem ich mich irgendwie nicht gewachsen fühle. Oft denke ich, dass der Lehrer nur deshalb Klassenarbeiten schreiben lässt, um mich damit zu unterwerfen", so sagte sie wörtlich. Ich kann mir ihre Angst gut vorstellen. Denn sie sieht den Lehrer ausschließlich als feindlichen Gegner. Sie lässt sich selbst wie einen kleinen Vogel angesichts der Katze hilflos zittern und wartet wie gelähmt darauf, gefressen zu werden.

Damit sie sich aus dieser einseitigen Vorstellung befreien kann, habe ich mit ihr ein kleines Theaterspiel mit Kasperpuppen gespielt. Dabei hat Mia wiederholt die Rolle gewechselt. Einmal spielte sie den Lehrer, dann den Schulleiter, dann mal sich selbst und mal den Kasper. Bei diesem Spiel ist ihr der Lehrer viel vertrauter geworden. Und in der Rolle des Kaspers als eines gesunden Mitschülers kam sie dahinter, dass es ganz besonders wichtig ist, sich immer wieder neu um ein inneres Bündnis mit dem Lehrer zu bemühen. Sie erklärte mir schließlich, dass, wenn man noch unwissend oder auch nur ungeübt ist, sich das am besten beheben lässt, wenn man den Lehrer als seinen Verbündeten annimmt und nicht als seinen Angstgegner.

Bei dem 10-jährigen Niklas, der sich sofort nach Abschreibungsmöglichkeiten umsah, wenn es Klassenarbeit hieß, zeigte sich dieses Problem noch deutlicher. Er suchte sich in heller Aufregung ganz schnell Verbündete. Denn die Aufforderung zur Klassenarbeit kam ihm regelmäßig vor wie eine Kriegserklärung gegen ihn durch den Lehrer, gegen die jedes Mittel recht sein musste. Abschreiben von Spickzetteln, von Mitschülern oder aus Büchern war in Niklas' Augen kein Selbstbetrug, sondern überlebensnotwendige Notwehr. Bei Niklas ergab es sich, dass ich mit ihm zusammen auf unser Volksfest ging und dabei zu einem Schießstand kam. Für seine Gesundung erwies es sich als sehr nützlich, dass er gern mit dem Luftgewehr schießen wollte. Er wollte Papierblumen gewinnen, indem er die Tonröhrchen zerschoss, in denen die Blumen steckten. Aber bis zum 5. Schuss hatte er noch keinen Treffer erzielt. Ich machte ihm den Vorschlag, zunächst lieber auf die daneben angebrachte Zielscheibe zu schießen. So könnte er eventuelle Fehler des Gewehrs oder auch eigene Fehler kennenlernen und dann ausmerzen. Tatsächlich stellte sich rasch heraus, dass er beim Zielen Fehler machte, die wir nun durchschauten und abstellen konnten. Es zeigte sich außerdem eine kleine Seitenabweichung, die in dem Gewehr begründet war. Mit diesen neuen Kenntnissen versehen, wandten wir uns wieder dem Blumenschießen zu. Und jetzt erzielte Niklas tatsächlich mit 5 Schüssen 4 Treffer. Bei diesem Erlebnis mit mir als Lehrer war das Scheibenschießen sozusagen unsere Klassenarbeit.

Niklas ist ein kluger Junge. Er hat diese Zusammenhänge schnell verstanden. Doch zu Hause hat er es schwerer. Bei seinem Vater gilt er nur dann, wenn er gute Leistungen bringt. Sein Vater gehört zu den Menschen, die andere nur dann für voll nehmen und achten, wenn sie etwas leisten. Niklas muss deshalb immer gute Noten mit nach Hause bringen, sonst verliert er die Zuneigung seines Vaters. Aber kein Kind kann es ertragen, wenn es die Liebe seiner Eltern verliert, wenn es, wie die Fachleute sagen, einen schwerwiegenden Liebesverlust erleidet. Von daher ist diese Angst zu erklären, die stets auftrat, wenn er eine Klassenarbeit schreiben musste, die ihm vielleicht eine schlechte Note einbringen konnte. Bei ihm ist also in Wirklichkeit nicht der Lehrer der Gegner, sondern der Vater mit seinen überzogenen Anforderungen. Der Lehrer eröffnet mit seinen Klassenarbeiten allerdings den Krieg, der dann zwischen Niklas und seinem Vater stattfindet. Es ist ein ganz ungerechter, ungerechtfertigter und einseitiger Krieg, denn der 10-jährige Niklas kann sich ja nicht richtig wehren gegen die übermäßigen Ansprüche des Vaters. Ich habe darüber mit Niklas gesprochen. Seinen Vater konnten wir beide nicht ändern, wohl aber konnte Niklas seine Lage kennenlernen und die Anforderungen des Vaters als überzogen und falsch erkennen. So gelang es ihm, die häusliche Situation gelassener zu ertragen und vielleicht sogar den Lehrer als seinen Verbündeten für sich zu gewinnen.

Bei der 13-jährigen Bianca, die vor Klassenarbeiten immer Mutters Stimme mit den Worten hört: „Du bist dumm!", kam ich dazu, als sie sich Teile von Musiktiteln von einer CD zusammenstellte und auf ihren Computer überspielte. Sobald ihr etwas nicht gefiel, stoppte sie das Gerät, nahm die CD heraus und ersetzte sie durch eine andere, bis sie schließlich all das auf dem Computer eingespielt hatte, was sie besonders mochte.
„So machst du das hier", sagte ich, „wenn dir jemand nicht gefällt, stellst du seine Stimme oder sein Stück einfach ab. Warum machst du das eigentlich nicht immer so?" „Was meinen Sie damit?", fragte sie mich überrascht und wusste zunächst nicht, wieso ich das gesagt hatte. Ich erklärte ihr, dass die Stimme: „Du bist dumm, aus dir wird nie was!", in ihr ganz ähnlich gespeichert vorliegt wie die Musik auf den Kassetten.

Für die Wirkung in uns kommt es folglich auf denjenigen an, der die Stimme der Mutter immer wieder neu auflegt, einschaltet und sich immer wieder zu Gehör bringt. „Dann bin ich es selbst, die vor Klassenarbeiten in mir die Platte mit dem ‚Du bist dumm' abspielt?", fragte sie mich überrascht. „Heißt das, dass ich selbst mir sozusagen einrede, dass ich dumm bin?" „Ja, so ist es. Aber sag mir einmal, glaubst du denn wirklich selbst, dass du dumm bist?" „Nein", sagte sie,

„aber meine Mutter behauptet das immer wieder, besonders dann, wenn sie meint, dass ich etwas, was ihr wichtig ist, eigentlich wissen sollte." „Um wen geht es hier aber, um dich oder um deine Mutter?" Wir sind uns schnell einig, es geht hier um sie selbst. Und wir stellen fest, dass die Mutter nicht Recht hat, wenn sie die Tochter für dumm erklärt. Aus welchen Gründen sie versucht, ihre Tochter unsicher zu machen, ist nicht zu erkennen. Bianca versteht und schimpft: „Sie will mir wohl ´nen Minderwertigkeitskomplex einimpfen." Ich gab ihr zu, dass das sein könne und dass es dafür vielleicht Gründe gibt, die in der Mutter liegen. Aber es ging hier ja nicht um das falsche Verhalten ihrer Mutter, sondern um sie selbst und um ihre Angst vor Klassenarbeiten, daran musste ich sie immer wieder erinnern. „Wer leidet denn unter der Angst, du oder deine Mutter?", fragte ich sie. „Das bin ich selbst", gab sie zu. „Dann sind wir uns ja einig. Wenn es also besser werden soll, dann stellst du selbst der Bianca die alte Platte ab, du löschst selbst sozusagen das Tonband. Du nimmst dein Leben an diesem Punkt selbst energisch in die Hand. Du lernst für dich selbst, bereitest dich auf Klassenarbeiten richtig vor und sagst, wenn es losgeht, anstelle der alten Platte nun zu dir: ‚Du bist gut vorbereitet, Bianca, du wirst es schon richtig machen.' Wie wäre das?" Vorige Woche war Bianca wieder bei mir. Bei der Begrüßung sagte sie: „Sie sind prima." Auf meine erstaunte Rückfrage erklärte sie: „Ich habe es genauso gemacht, wie Sie gesagt haben." „Wie denn?", fragte ich. „Ich habe vor der ganzen Klasse für das Musikzeugnis Blockflöte spielen müssen, ganz allein. Das hab ich nie gekonnt, dann haben meine Finger immer wie doll gezittert, aber diesmal habe ich an Sie gedacht und zu mir gesagt, Bianca, habe ich gesagt, ich mag dich. Mir gefällt, was du spielst. Wer dich nicht mag, ist selber schuld. Na ja, da habe ich nicht gezittert und so gut gespielt, dass ich dafür in Musik eine 1 bekommen habe!"

Ergänzend zu den beschriebenen Lösungswegen möchte ich auf eine weitere Möglichkeit hinweisen, wie man in solchen Situationen besser zurechtkommen kann. Das leicht zu erlernende Selbsthilfeprogramm für jeden Tag, TrophoTraining®, hilft erfolgreich dabei, den Stress durch die Schule und durch Prüfungen zu reduzieren und ausgeglichener und mit weniger Ängsten zu bestehen (J. Derbolowsky: „TrophoTraining® – so fühle ich mich wohl"). Es ist einfach, überall und jederzeit anwendbar. Man benötigt dafür nur 3 x täglich 1 Minute.

– Ein Thema, das uns immer wieder beschäftigt, ist Mobbing. Sei es deshalb, weil wir selbst davon betroffen sind oder weil wir davon Betroffene kennen. Wenn man sich das Phänomen anschaut, so wird deutlich, dass es das schon in der Schulzeit, ja manchmal schon im Kindergarten gegeben hat. Was es damit auf sich haben kann, beschreibt die Situation des 7-jährigen Nick. –

Mobbing oder „Er quält ihn immer"

Manchmal werde ich von Eltern gefragt, was sie tun können, denn ihr Kind habe zunehmend Angst, zur Schule zu gehen. Der Grund: Eine Mitschülerin oder ein Mitschüler würde ihr Kind immer quälen. Oft ist der gefürchtete Ort nicht die Schule selbst, sondern der Schulhof, der Sportplatz, der Heimweg oder auch mal der Tanzunterricht oder eine Geburtstagsfeier. Ein finsteres Thema, in das die folgende Geschichte Licht bringen soll.

Neulich suchte mich eine Mutter wegen ihres 7-jährigen Sohnes Nick auf. Er war mitgekommen. Sie erzählte mir, dass er ein Einzelkind und bisher nie ernstlich krank gewesen sei, dass er in der Schule gut mitkomme, dass er auch in seiner Freizeit guten Kontakt zu anderen Kindern fände. Sie habe keine Schwierigkeiten mit dem Jungen. Er schlafe gut, habe ordentlichen Appetit, aber er werde mit Martin nicht fertig. Martin ist ein Klassenkamerad von Nick. Der sei körperlich viel stärker und größer als Nick und außerdem ein halbes Jahr älter. Dieser Martin komme mit dem Schulunterricht nicht gut zurecht. Er sei unkonzentriert, mache oft die Hausaufgaben nicht, aber das gehe sie schließlich nichts an, wenn er nur ihren Sohn in Frieden ließe. Doch gerade das sei der springende Punkt. Martin quält Nick immer. Auf meine Frage, wie er das denn mache, erfahre ich eine Fülle von Handlungen, die sich alle ähneln. Dazu gehören schubsen, anstoßen, Sachen verstecken, ein Bein stellen, erschrecken und alle möglichen Arten von Stören. Beide haben in der Klasse nebeneinandergesessen. Sie habe deswegen schon mit dem Lehrer gesprochen. Woraufhin Martin auf einen anderen Platz gesetzt worden sei, aber nun treibe er es aus der Entfernung und in den Pausen auf dem Schulhof umso schlimmer.

Mein Gespräch mit Nick unter 4 Augen ergibt das gleiche Bild. „Martin ist eben stärker", sagt er resignierend. „Anfangs habe ich versucht, mich zu wehren, aber ich habe einfach keine Chance gegen ihn. Auch die anderen würden den Martin fürchten, weil er jeden verhaut, der sich mit ihm anlegt." Alle drei waren wir uns darüber einig, dass es sich hier um ein gesellschaftliches Problem handelt von einer Art, wie es viele Probleme unter uns Menschen gibt. Aber wie kann man damit umgehen? Eine mögliche Antwort wäre, sich zurückziehen, z.B. in eine andere Schule gehen. Aber ist das stets die beste Reaktion für alle Beteiligten?

Nicks Eltern waren glücklicherweise praktische und aufgeschlossen denkende Menschen. „Ich fühle mich innerlich aufgerufen, meinen Sohn zu beschützen", sagte Nicks Vater, als ich mit ihm sprach. „Mein Junge soll merken, dass er nicht alleinsteht, wenn er bedroht wird. Wenn ich den Martin einmal auf frischer Tat erwischen würde, dann würde ich ihm einen gehörigen Denkzettel verpassen", sagte er und fügte hinzu, „übrigens habe ich Martins Vater schon einmal angerufen und mir das Verhalten seines Sohnes gehörig verbeten." „Was hat er da geantwortet?", wollte ich wissen. „Er hat gesagt, na warte, wenn der Bengel nach Hause kommt, dem werd ich's zeigen, Sie sind ja nicht der Einzige, der sich beklagt!", und damit hatte er aufgelegt. „Was war der Erfolg

dieses Anrufs?", fragte ich ihn. Der Erfolg war, dass die Quälereien zugenommen hatten und nur noch schlimmer und beängstigender wurden. Was sollte ich nun Nicks Eltern antworten? Lassen Sie uns, liebe Leserinnen und Leser dies einmal miteinander beraten und überlegen, was zu tun wäre.
„Was lässt sich jetzt noch machen? Kneifen wollen wir auch nicht!" So lautet die von den Eltern an uns gerichtete Frage. Und es gibt noch weitere Fragen in der Sache, nämlich: Warum quält der Martin denn auch andere Kinder immer mal wieder? Warum bevorzugt er dabei ausgerechnet den Nick? Was für Möglichkeiten gibt es noch und wie könnte man diese umsetzen?

Einige von Ihnen werden vermutlich derselben Meinung sein wie Nicks Vater: Man müsste Martin einmal auf frischer Tat ertappen und ihn dann handgreiflich belehren, dass er sich nicht so zu Nick oder anderen verhalten darf. Und dass man ihn im Wiederholungsfalle noch härter „belehren" würde. Einige werden vielleicht sogar sagen: Was heißt hier auf frischer Tat? Dem gehört mal von einem Stärkeren eine gewaltige Abreibung, wo er selbst seine eigene körperliche Überlegenheit doch immer so rücksichtslos ausnutzt.
Andere von Ihnen werden möglicherweise dafür sein, den Martin einmal einzuladen, um auf diesem Wege vielleicht dahinterzukommen, was in dem Jungen überhaupt vor sich geht, und vor allem an seine Einsicht appellieren. Ja vielleicht sogar, um ihm womöglich bei der gewünschten Änderung zu helfen. Genau diesen Gedanken sprach Nicks Mutter aus. „Dass ich nicht eher auf die Idee gekommen bin", fügte sie erstaunt hinzu. „Wenn wir am kommenden Sonntag unsere geplante kleine Wanderung machen, warum laden wir den Martin nicht einfach dazu ein? Wir, d.h. mein Mann, Nick und ich, machen nämlich einmal im Monat einen größeren Ausflug aufs Land. Da geht es ganz ungezwungen zu. Wir sind

lustig miteinander, manchmal besprechen wir auch etwas. Wir nehmen ein kleines Picknick mit, und oft gehen wir auch an Plätze, wo es etwas Besonderes für Kinder gibt, Tiere oder Spielgeräte oder so etwas. Wenn Martin mitkommt, dann könntest du", hierbei wandte sie sich an ihren Mann, „den Jungen auch gleich auf frischer Tat beobachten, falls er ihn auch da quält." Mit dieser neuen Idee verabschiedeten wir uns und verabredeten ein weiteres Treffen gleich nach dem Ausflug.

Jeder von uns kennt solche Martins und Martinas. Jeder von uns hat schon manchmal auch am eigenen Leibe Erfahrungen gesammelt, dass es hartnäckige Quäler gibt.
Was hat es aber aus Sicht des Erziehers, des Beraters, des Therapeuten mit dem Quälen auf sich? Quälen ist ein wichtiges Signal. Man darf es nicht einfach abstellen. Quälen tritt bei Jungen und Mädchen ebenso wie bei Erwachsenen immer dort in Erscheinung, wo Unsicherheit, Ängstlichkeit und Unerfahrenheit auf dem wichtigen Gebiet der Partnersuche vorliegen. Quälen will ursprünglich nicht zerstören, sondern, so merkwürdig und überraschend das klingt, Quälen will Vertrautheit erzeugen. Ein Beispiel zum Verständnis: Wenn das kleine Kind sein Spielzeug, seine Puppen, seine Uhr auseinandernimmt, dann will es nicht kaputt machen, sondern es will dahinterkommen. Es will sich seiner Welt bemächtigen, um damit vertraut und heimisch zu werden. Es will Macht an die Stelle von ängstlicher Ohnmacht setzen. Auch beim Quälen von Tieren sucht das Kind nach Grenzen für sein Tun. Es will erfahren, wie weit es gehen kann und wie weit seine Macht reicht. Jemanden quälen, das kann, so unglaublich es auch klingen mag, zum kindlichen Flirt gehören.

Die noch unbeholfenen Annäherungen sind mit Späßen und Streichen durchsetzt, bei denen man dem anderen nicht selten Furcht einjagt und Leid zufügt, obgleich man ihm nur etwas Respekt einflößen will, um ihm so als achtenswerter und liebenswerter zu erscheinen.

Findet sich eine erhebliche Unbeholfenheit, wurde dieser Mensch in seiner eigenen Entfaltung meistens ziemlich gehemmt. Ein solcher Mensch hat seine Spielsachen nicht auseinandernehmen dürfen, er hat immer artig sein müssen, wie es meistens genannt wird, wenn das Kind hier gehemmt wird. Die Folge sind Ängste und Unbeholfenheit. Das ist zwar für die Umwelt zunächst recht bequem und das Spielzeug bleibt heil, aber später kommt eben oft ein schlimmes Nachspiel zum Vorschein, z.B. die Lust am Quälen.

Sicher haben Sie schon erlebt, dass Kinder an ihren Puppen ihren Ärger abreagieren, der sich im Umgang mit ihren Eltern und anderen Personen angestaut hat. Das ist ein guter Blitzableiter. Es ist immer besser, heftigen Kummer und heftigen Ärger stellvertretend an geeigneten Gegenständen auszulassen statt an sich selbst oder an unschuldigen anderen. Wenn das aber streng verboten und unterbunden wird, dann wird ein Teil der davon Betroffenen zu hartnäckigen Quälern. Wer mit dem Vater oder mit der Mutter nicht in dieser Weise zurechtkommt, für den ist es nämlich wie ein Notventil, einen Schwächeren, beispielsweise einen kleineren und jüngeren Kameraden, immer wieder zu quälen.

Es gibt noch eine andere Art von Quälerei, die aber in diesem Fall nicht gemeint ist. Sie hat den Sinn, auszusondern, abzustoßen. Sie tritt meistens in Gruppen auf. Sie ähnelt gewissen Vorkommnissen im Tierreich und hat oft unmenschliche Züge. Wenn ein Tier verendet, dann kommen die Aasfresser, dann kreisen die Geier über dem Opfer, dann heulen die Wölfe oder was es dort für Tiere geben mag. Wir kennen alle solche Vorkommnisse, dass eine ganze Schulklasse auf einmal einig ist, in dem Bestreben einen Mitschüler oder einen

Lehrer rauszuekeln, wenn er als abartig, als schwach oder als krank erlebt wird. In der Aufwallung eines solchen Gefühls haben beispielsweise damals die Söhne Jakobs ihren Bruder Joseph als Sklaven nach Ägypten verkauft.

Wo ein waches Bewusstsein vorhanden ist, da wird das Alarmsignal „er quält mich immer" als ein Hinweis dafür genommen, dass hier ein Mensch in Not ist. Dann gilt es, Wege zu finden, die Not zu wenden. Im Allgemeinen gilt dabei, dass ein Quäler mindestens genauso arm dran ist wie sein Opfer. Es kommt nicht selten vor, dass auch Erwachsene Lust zum Quälen haben und diese Lust an Kindern, an Tieren oder an Erwachsenen auslassen. So jemand versucht dann seine Minderwertigkeitsgefühle zu übertönen, indem er Schwächere quält und dadurch eine krankhafte Überlegenheit herauskehrt.
Wenn ein Erwachsener so handelt, dann ist es ein kindlicher Versuch, etwas sehr Wichtiges nachzuholen, nämlich das Erlernen von herzlichem Umgang mit seinem Gegenüber. Weil das Verhalten aber so entstellt und verzerrt ist, wird es von dem Partner nicht als Ausdruck von Not erkannt und der Quäler erntet damit meistens nur das Gegenteil von dem, was er erreichen möchte, nämlich Einsamkeit. In solchen Fällen ist Heilung oft nur durch eine spezielle psychotherapeutische Behandlung möglich.

Bei Nick und Martin bin ich überzeugt, dass es mit diesem Wissen gelingen wird, beiden aus ihrer Not herauszuhelfen. Die Mutter hat ja schon den richtigen Anfang gemacht.

– In diesem Artikel von Elsbeth Cram finden Sie eine Fülle von Situationen aus der Kindergartenzeit, wie wir sie mehr oder weniger deutlich selbst haben erleben können. Ähnliche Situationen nur in einem erwachsenen Umfeld kennen wir sicher aus unserem Erwachsenenalltag. Die warmherzigen Schilderungen ermöglichen uns auch Mitgefühl mit uns und unseren nicht immer leichten Erlebnissen als Kind zu empfinden. Wie bei Konflikten erfolgreich interveniert werden kann, wird lebensnah beschrieben. –

„Kinder und Uhren darf man nicht beständig aufziehen, man muss sie auch gehen lassen."   Jean Paul

Kindgerecht praktizierte Psychopädie in einer Vorschulkindergruppe[1]

Um die Quintessenz gleich vorwegzunehmen: Kinder sind beim Spielen ihre eigenen Psychopäden (Lebenshelfer). Heilende Kräfte sind wirksam, wenn sie spielen. Gemeint ist das intuitive Spiel, frei von Regeln und Lenkung. Das aus sich selbst heraus begonnene Spiel ohne jegliche Vorgaben. Was hat eine Psychopädin dabei zu tun? Eigentlich gar nichts oder: am besten sie tut nichts. Wenn Sie dabei genau hinsieht, hinhört, hinführt, dann lernt sie, dass die Kinder genau das spielen, was sie zu ihrer Entwicklung gerade jetzt brauchen und wann sie selbst dabei mal aktiv werden sollte.

Ich sah also meine Aufgabe darin, den Kindern wohlwollend und ohne zu werten einfach zuzuschauen und ihnen lediglich die Sicherheit zu vermitteln, dass alles, was sie spielen, in

---

[1] **Autorin Elsbeth Cram**
aus „psychopädica" 10. Jhrg, Heft 2, 1999

Ordnung ist. Dieser schützende Rahmen und mein psychopädisches Wissen im Hinterkopf lösen bei den spielenden Kindern mehr Initiativen und mehr Wagnis aus, als wenn sie ganz auf sich allein gestellt wären und ohne dass sie waghalsig sich selbst gefährden.
Mein Hauptgedanke ist die Ebenbürtigkeit. Ich betrachte jedes Kind, sei es noch so klein oder noch so schwierig, als einen vor Gott mit mir ebenbürtigen Partner. Lediglich unerfahrener ist das Kind, was die Verpflichtung noch verstärkt, sich der Ebenbürtigkeit ständig bewusst zu sein. Ich habe Respekt vor dem Kind. Sehr oft nehme ich innerlich den Hut ab vor dem Kind.

Mein zweiter Gedanke stammt – jedenfalls in dieser Formulierung – von Bruno Bettelheim: „Es hat alles seinen Grund." Das bedeutet, auch das befremdlichste Verhalten hat seinen Grund. Das Kind probiert vielleicht etwas aus, oder es signalisiert vielleicht eine ihm unbewusste Not. Zur Information: Ich sammle meine Erfahrungen als Lehrerin in Vorschulklassen und in einer Vorschul-Kindergruppe, die ich ein Schuljahr lang täglich außerschulisch betreute. Es handelte sich um Kinder berufstätiger Eltern oder Kinder, die aus sonstigen Gründen betreut werden sollen, zum Beispiel ganz einfach, um die Mütter zu entlasten. Kinder aus dem noch dörflichen Speckgürtel einer Großstadt ohne materielle Nöte. Und doch hatten sie alle, wie sich schnell herausstellte, ihr Päckchen zu tragen, körperlicher oder seelischer Art. Für die Kinder galten feste Zeiten, was für die Gruppenbildung sehr wichtig ist. Der Ort: ein naturbelassener größerer Spielplatz mit wenig Spielgeräten und für die unwirtlichen Tage ein mittelgroßer Raum unter Dachschrägen, mit Armstühlen und Tischen bestückt. Sonst nichts.

Was spielen Kinder?
Kinder spielen von Zeugung bis Tod alles, was das Leben ihnen abverlangt und noch abverlangen wird. Sie spielen, wonach ihnen gerade zu Mute ist.
Wenn sie nach drei Stunden Schule auf den Spielplatz oder in den Spielraum kommen, dann ist ihnen nach Bewegung und Körperkontakt zu Mute. Also muss man ein anderes Kind provozieren, damit man weglaufen oder sich lustvoll balgen kann. Sie wollen ihre Kräfte bis zum Äußersten einsetzen und erproben. Also kämpfen sie, bewähren sich im Abenteuerspiel. Sie möchten jetzt anders lernen als in der Zeit der Konzentration in der Schule. Sie möchten sich necken, lachen, möchten sich mit forschen Sprüchen brüsten, den starken Mann markieren, Quatsch machen, jemanden reinlegen und dann „angeschmiert" rufen. Andere Kinder suchen das beschauliche Spiel. Sie schlüpfen in eine Höhle, tasten sich vor, mit wem sie etwas machen wollen, setzen sich auf einen Aussichtsplatz, warten erst einmal ab. Und manchmal möchte ein Kind einfach nur „sein" dürfen.

Wenn dann die erste Anwärmphase vorbei war, bildeten sich Spielgrüppchen, oder alle spielten gemeinsam, zum Beispiel Verstecken, ein Spiel mit hohem Stellenwert und in vielerlei Varianten. Sie kletterten auf den Ahornbaum, ein Kind fing damit an und im Laufe des Jahres schafften es alle. „Jetzt endlich", sagte Norbert, der große Körperkräfte hatte, aber nicht klettern konnte, „habe ich es geschafft. Ich habe es mir von Roland abgeguckt." Die Kinder experimentierten mit dem, was sie vorfanden: Erde, Pflanzen, Äste, Blätter, Müll, Früchte, Eis, Schnee, Wasser, Sand. Sie trugen ihre Konflikte oft körperlich aus und verbaten sich meine Einmischung. Sie interessierten sich nur gelegentlich für die Spielgeräte, Burg, Rutsche, Schaukel. Das Häuschen benutzen Sie oft. Baumstämme, Büsche, Bodenwellen, Pfützen, Steine waren interessant. Im Spielraum gab es – außer dem Mobiliar, Decken und alten Bettlaken – keine Spielsachen, nur gelegentlich Bauklötze, Spielkissen, Zeitungspapier, Papier und Buntstifte sowie Verkleidungssachen in der Faschingszeit.

Einen hohen, heilenden Stellenwert haben die Rollenspiele: Sie sind sozusagen Psychopädie pur:
Wie ich da so stehe und den Kindern zuschaue, zwängt sich von hinten etwas Lebendiges zwischen meinen Knien hindurch, ein kleines Wesen richtet sich vor mir auf, miaut und erklärt: „Jetzt ist das Kätzchen gebohrt" (Anm. „geboren"). Tagelang, wochenlang wiederholen sie das Spiel „Zur Welt kommen", mal andauernd, mal sporadisch. Die Lkw Reifen, mit denen ein Hügelchen befestigt ist, sind ein willkommener Mutterschoß. Die Kinder kringeln sich in einem Reifen, stemmen sich mit den Füßen gegen die Reifeninnenwand, rufen dabei, dass sie noch ein Ei wären und verkünden schließlich fröhlich: „Jetzt bin ich ausgeschlüpft." Wobei sie vom Schlüpfen aus dem Ei reden, aber den Mutterschoß meinen. Sie kommen als Küken, Hasen, Hunde, Katzen zur Welt und meinen doch immer den Menschen, sich selbst. In der Gestalt eines Tieres kann sich das Kind seine natürlichen aggressiven Wünsche erfüllen, solche, die die Gesellschaft nicht ohne Weiteres zulässt und die sich ein „wohl-"erzogenes Kind auch nicht zu leben getraut. Tiere haben Hörner, Hufe, Zähne, Giftstachel, Tatzen. Entsprechend differenziert sind die Aggressionen. Tiere dürfen stoßen, treten, beißen, fressen, vergiften, umklammern, töten. Da darf der große Hai dem kleinen Hai den Schwanz abreißen. Der Junge, der ihn spielte, war sehr erregt, als er ihn spielte, und sagte, was er gerade mache. In der Rolle eines Hundes darf das Kind einem anderen rigoros den Knochen wegnehmen (ein häufig wiederholtes Spiel). Das Pferd darf den Reiter abwer-

fen und mit den Hufen ausschlagen. Der Adler darf sein Opfer umklammern. Löwen dürfen fürchterlich brüllen. Dem Hundeherrchen muss das Hündchen bedingungslos gehorchen.

Die Aggressionen bleiben spielerisch und das Kind in der Opferrolle lässt es sich gefallen und genießt den herzhaften, kraftvollen Körperkontakt sogar. Von solchen Erfahrung weiß das Märchenpsychodrama einiges zu berichten. Die Psychopädin sitzt in der Sonne und schaut und hört zu. Das Kind spürt, dass seine Aggressionen nichts Böses, sondern wohl etwas ganz Selbstverständliches sind, und es übt sich in seinen noch nicht vollkommenen Fähigkeiten.
Die Kinder spielen Kranksein und Verunglücktsein. „Ich habe mir den Arm gebrochen, du musst mich verbinden!" Da muss eine Krankenschwester her und den sonst so berührungsscheuen Jungen behandeln. Der kann gar nicht genug davon bekommen: „Mein Arm ist schon wieder gebrochen", und er erhält erneut körperliche und seelische Zuwendung. Er spielt das Spiel so lange, bis er für heute wenigstens gesättigt ist oder bis das Krankenschwesterkind streikt: „Du bist jetzt gesund, basta!" Aber morgen ist auch noch ein Tag, um sich wieder Zuwendung zu holen.

Die Rollenspiele haben Funktionen wie die Träume, nur sind sie noch direkter:
Ein Unfall ist passiert. Mein kleiner Bruder (in der Realität ein Rivale, ein Quälgeist oder Ähnliches) ist überfahren worden und fast tot. „Tatütata": der Krankenwagen fährt vor. Der kleine Bruder wird hineingehoben und gerade noch vor dem Tod gerettet. Auch dieses Spiel wird wiederholt, bis es sich der große Bruder gestattet, den kleinen Bruder im Rollenspiel ganz sterben zu lassen. Im Spiel ist es erlaubt, alles zu fantasieren und zu wünschen. Beim Vater-Mutter-Kind-Spiel

wählt sich das Kind die Rolle, in der es Defizite hat. Der Gruppenboss will unbedingt das Löwenbaby sein und von den Löwen geleckt werden, während der kleine Ängstliche auf der Rolle des Löwenvaters besteht. Während sie auf Baumästen herumklettern, spielen sie – unvermittelt für den Zuschauer –, wie Eltern sich verfeinden und wieder versöhnen, wie Eltern sterben, und die Kinder allein zurechtkommen müssen.

Manchmal werde ich gefragt, wie Kinder das Phänomen Tod bewältigen? Ganz einfach, sie spielen es. Wir sind Hasen, erklären sie. In dieser Rolle geht es leichter. Sie werfen sich auf den Boden und fragen mich: „Wie ist das: tot sein?" „Wie muss ich sein, wenn ich tot bin?" Erfahren ist besser, als es zu erklären. Also prüfe ich, ob aus den Armen und Beinen die Kraft entschwunden ist. „Du bist noch nicht tot, in deinem Bein ist noch Muskelkraft." Beim nächsten oder übernächsten Versuch plumpst das von mir losgelassene Bein zu Boden, die Augenlider sind geschlossen und das Kind hält den Atem an. „Jetzt bist du tot, aber doch nicht, dein Herz schlägt ja noch!" Welcher Erwachsene kann schon so locker sein. Die Kinder können es lernen oder lernen es bei dem Spiel Totsein. Auch die Erfahrung, sich nicht zu rühren, stumm, blind, todernst zu bleiben, reizt zu endlosen Wiederholungen.

Ein anderer Aspekt von Tod ist für das Kind, wie die Umwelt seinen Tod aufnimmt. Ein Junge lässt sich vom Baumstamm fallen: „Ich bin tot, ihr müsst um mich trauern." „Tun wir aber nicht", bekommt er zu hören. „Ich trauere um dich", tröstet ihn ein anderes Mädchen.
Es war viel später an einem regnerischen Herbsttag, da wartet die Gruppe lärmend und raufend auf dem kleinen Treppenabsatz vor unserem Spielraum auf mich, dass ich sie

reinlasse. Als ich die Treppe hochkomme: Totenstille. Ein regelrechter Leichenhaufen bietet sich mir auf der kleinen Fläche dar. Die Bitte „Ihr müsst jetzt um mich trauern!" habe ich noch im Ohr. Also traure ich jetzt laut vernehmlich, wie lieb mir diese Kinder waren und wie ich ihren Tod nicht verschmerzen könne. Kein Mucks ist zu hören. Ich mache ihnen Liebeserklärungen, die sie normalerweise als übertrieben abtäten, die jene Kinder, die dafür keine Antennen ausgebildet haben, gar nicht aufnehmen könnten. Jetzt darf ich sie machen. Ich lobe sie für ihre Verhaltensweisen, die die Gesellschaft eher ablehnt: laut sein, nein sagen, Quatsch machen, draufgängerisch sein, für ihre Streiche und für ihr schönes Spielen. Immer noch ist kein Mucks zu hören. Nach der Trauerklage darf ich alle Kinder anrühren, das Ohr auf ihre Brust legen, um ihren Herzschlag als Zeichen des Lebens zu diagnostizieren. „Gott sei gedankt! Sie leben doch noch." Dann erst ist die schöne Spannung gelöst und der Jubel groß. Der Jubel worüber? Darüber, so lange durchgehalten und mich reingelegt zu haben, mich, eine allwissende Erwachsene. Diese Genugtuung war eine weitere beträchtliche Motivation, das Spiel im Lauf der Zeit mehrmals zu wiederholen. Die Bestätigung, dass ich kein einziges der Kinder missen könne, konnten sie nicht oft genug hören.

Psychopädische Interventionen
Es gab Situationen, in denen ich direkt und aktiv psychopädisch eingriff, weil das Kind in einer Verhaltensweise und in seiner schlechten Meinung von sich selbst festgefahren war und immer wieder in dieselbe Falle tappte.

Schubsen
Auf dem kurzen Weg von der Schule zum Spielraum gab es häufiger Streit, weil David gerne ein Bein stellte und schubste. Die Kinder klagten, dass er das immer mache, dass er in

der Schule allein sitze oder sogar draußen stehen müsse. Und so geschah es, dass Lena – kräftig gegen eine Mauer geschubst – heftig und gekränkt weinte und David aller Kinder Empörung zu spüren bekam.
Die Tat vom Täter trennen, heißt es da in der Psychopädie. Ich vergegenwärtige mir, wie viele Ermahnungen, wenn nicht gar Schelte David wegen dieses Verhaltens schon hatte einstecken müssen, ohne Erfolg. War sein Schubsen vielleicht Ausdruck einer Not? Ich stellte mich innerlich auf die Seite des kleinen Täters und wende mich laut, so dass alle es hören konnten, an die angegriffene Lena: „Hast du heute David schon einmal angeguckt? Ihm ‚Guten Morgen' gesagt?" Sie ist so verdattert, dass ihre Tränen versiegen. Sie stammelt irritiert, warum sie denn dem da hätte ‚Guten Morgen' sagen sollen und gibt zu: „Nein, hab ich nicht!"

„Deswegen eben schubste er dich, um dir zu zeigen, dass er auch da ist. Er möchte mit dir gut Freund sein, und du guckst ihn noch nicht einmal an." Und zu David sage ich: „Deine Begrüßung war nur zu doll. Du scheinst große Kräfte zu haben." Mit einer Verteidigung hatte er nicht gerechnet. Er sagte kein Wort. Sicher hat David noch manches Mal geschubst, aber der Bann war gebrochen. Ich brauchte nur noch anzudeuten, dass es gut wäre, wenn er sich bemerkbar machte, er möge es aber vorsichtiger tun. Ich erntete dann einen unwilligen Blick, gar ein patziges Wort, womit gemeint war: ich weiß es ja, aber es steckt noch so in mir drin. Das Gewaltsame seiner Kontaktversuche verlor sich nach und nach.
Von seiner Mutter erfuhr ich beiläufig, ihr Sohn hätte keinen Freund, spiele immer nur allein zu Hause, säße stundenlang am Computer. Das änderte sich. Zuerst bekam er Freunde in der Gruppe, später überall. Allerdings hatte er tatsächlich große Körperkräfte, wie es sich später, als wir einmal kleine

Ringkämpfe organisierten, herausstellte. Er blieb bei allen Kämpfen Sieger, und man konnte ihm diese Überlegenheit absolut nicht ansehen. Wie sollte der Junge sein „bisschen Schubsen" da richtig einschätzen?

Vergessen
Robert ließ häufig etwas liegen, und wenn wir gerade auf dem Nachhauseweg waren, fiel es ihm ein. Das war sehr unangenehm für mich, weil er ins Haus zurücklaufen, das Vergessene holen und ich dabei mitgehen oder doch warten musste und dennoch alle Kinder den Bus kriegen sollten.
Einmal rannte er zurück, er habe seinen Schulranzen vergessen, kam wieder mit den Worten, er sei nicht aufzufinden. Da bemerkte ich, dass Robert den Ranzen die ganze Zeit auf seinem Rücken getragen hatte. Wir lachten beide. Mir ging ein Licht auf: die Vergesslichkeit passte nicht in das Bild eines gewissenhaften Jungen, als der er mir gelegentlich aufgefallen war. Also sagte ich ihm: „Andere Kinder lassen auch ihre Sachen liegen und wissen es nachher nicht mehr. Du aber merkst es immer gerade noch rechtzeitig und weißt auch genau, wo das Vergessene liegt. Du musst ein sehr gewissenhafter Junge sein." Diesmal hat es prompt gewirkt. Ich erinnere kein Liegengelassen mehr.

Null Bock
Mit Sven war es nicht einfach. Dabei war er ein niedlicher Junge zum Gernhaben, aber gerade das ließ er nicht zu. Er sperrte sich geradezu gegen jede Form von Freundlichkeit. Dauernd verwickelte er sich in Streit, aus dem er sich schmollend zurückzog. Er verkroch sich und ließ sich nicht trösten: „Lass mich zufrieden." Er erklärte, zu diesem oder jenem Spiel keine Lust zu haben, drohte mit Nachhausegehen und tat das oft auch. Ich nannte ihn im Stillen das Null-Bock-Kind. Als er an einem Tag nicht zu Gruppe kommen konnte und ich

das den anderen Kindern mitteilte, jubelten sie: „Sveni kommt nicht!" Dabei nannten sie ihn doch zärtlich Sveni. Die Kinder konnten ihn nicht erreichen und auch ich nicht.
Aber schließlich geriet ihm ein besonders autoaggressives Verhalten zu einer kostbaren Erfahrung. Er war in Ärger und Hast eine kleine Treppe hinaufgestolpert und hatte sich die Lippe blutig geschlagen. Es hatte ihn mitgenommen und er jammerte kläglich, er wolle nach Hause. Ich solle seine Mutter anrufen. – Hätte ich mich des Problems entledigen und der Mutter ein weinendes Kind übergeben sollen? – Sven weicht immer den Schwierigkeiten aus, dachte ich. Also was tun?
Ich bemerke, dass er ganz blass ist und ich sofort handeln muss. Ich trage ihn – er wehrt sich noch – die Treppe hoch in unserem Raum und weise zwei Mädchen aus der Gruppe an, Kissen auszulegen zu einem Lager und ihn wie Krankenschwestern zu pflegen. Die tun das mit Hingabe, überbieten sich mit süßen Worten und Blut abtropfen und streicheln. Sven lässt alles zu, ist so ruhig, wie ich ihn noch nicht erlebt habe. Das alles spielt sich in dem kleinen Vorraum ab.

Inzwischen haben die anderen Kinder mit Eifersucht die Bevorzugung der beiden Pflegerinnen wahrgenommen und alles darangesetzt, den Verwundeten auch pflegen zu dürfen. Sie haben in dem Hauptraum aus einem umgedrehten Tisch, aus Kissen und Decken ein richtiges Bett gebaut und haben Svens Lieblingssachen daraufgelegt: das Hasenkostüm, die Pandabärenmaske – es war Faschingszeit – seinen Gürtel und sein Tuch. Alles fein auf dem Kopfkissen drapiert.
Und nun kommen sie und fordern das Pflegerecht für sich. Die beiden Mädchen müssen zugeben, dass das neue Krankenbett mehr Komfort bietet und überlassen Sven den anderen Pflegern, die sich ihrerseits in Fürsorge überbieten. Am Fenster hängen Eiszapfen. Mit denen kühlen sie seine Stirn.

Sven blieb die ganze Gruppenzeit so liegen, obwohl es ihm längst wieder gut ging. Es muss ihm eine Offenbarung gewesen sein, zu erfahren, dass ihn die Kinder gern hatten – nur eben seine Sperenzien sicher nicht.

Sven war dadurch nicht von seinen Autoaggressionen geheilt, aber der Bann war gebrochen: jener Bann, der lautete: Ihr mögt mich alle nicht. Ich kann nicht. Ich mag mich selber nicht. Sven drohte nicht mehr mit Weglaufen. Er hatte seltener Streit. Ich sah ihn selbstverständlicher mitspielen und die Kinder mochten ihn.

Engelchen
Maria war ein liebreizendes Geschöpf, eine Augenweide und von liebevollem Wesen. Sie gab von ihrem Brot ab, trauerte um die Toten, verband die Verwundeten, tröstete die Weinenden. Sie brachte mir immer meine Sandalen wieder, Dinge, die mir die Kinder auf der Wiese zu verstecken pflegten. „Ich weiß, wo sie sind", flüsterte sie mir ins Ohr. Ein wahrer Engel in jeder Beziehung. Alle riefen nach ihr: „Maria!"

Die Entwicklung der Kinder schritt voran. Es kam die Zeit, da nicht Engelchen, sondern Bengelchen die Gunst der Gruppe erwarben, da Abenteuer, Streiche spielen, tricksen, toben und Mutproben beliebte Spiele wurden. Dabei konnte Maria nicht mithalten. Sie wurde nun geärgert, vom Spiel ausgeschlossen, und sie verstand nicht, wie ihr geschah: Sie war dem hilflos ausgeliefert. Sie weinte bei jeder kleinen Gelegenheit so bitterlich, dass es mir ins Herz schnitt und dies ihre Lage bei den anderen Kindern noch verschlimmerte: eine Heulsuse! Die forschen Kinder, die nun gerade eine solche wichtige Entwicklungsphase durchliefen, wollte ich nicht in ihrem Elan dämpfen, so wie ich grundsätzlich nicht die Starken drücken, sondern die Schwachen stärken wollte. Also musste Maria etwa so werden wie die anderen.

Sie selbst half mir dabei auf die psychopädischen Sprünge, als sie mir eines Tages erzählte, sie könne zaubern. „Mach mal vor", sagte ich. Und sie antwortete schlagfertig: „Ich verzauber dich. Ich verzauber dich in einen Vogel." Sprach's und ich war in einen Vogel verwandelt und flog durch den Raum. „Jetzt zaubere ich, dass du wieder eine Frau bist." Sprach's und ich war wieder ich selbst. Mit diesem Erfolg hatte sie wohl selbst nicht gerechnet. Sie kam in schöpferische Fahrt, und es ging Schlag auf Schlag. Ich wurde in Pferd, Schlange, Löwe, Giraffe, Hase und viele Tiere mehr verzaubert. Ich trabte, kroch, schlich, hüpfte, flog, stach. Ich machte alles, was sie wollte, und sie wollte viel. Die anderen Kinder guckten fasziniert und skeptisch zu. Das könnten sie auch, erklärten sie. Aber es gelang ihnen nicht ein einziges Mal, mich in ein Tier zu verzaubern.

Ein paar Tage später überraschte Maria mich damit, dass sie mir die Tür vor der Nase zuschlug: „Du kommst jetzt nicht rein. Erst, wenn ich es sage." Ich wartete. Jetzt darfst du rein. Stille im Raum – wo waren die Kinder geblieben? Maria stand da wie ein Zirkusdirektor in der Manege. Sie hob den Arm, und siehe da: auf ihr Zeichen und ihren Ruf stürzten Löwen mit großem Gebrüll aus ihren Käfigen (mit Laken verhängten Stühlen und Tischen) und liefen auf mich zu. Es war eine eindrucksvolle Szene. Sie hob erneut den Arm: „Zurück in eure Käfige!" Die Löwen gehorchten, und es folgten die üblichen Wiederholungen wie bei allen Spielen. Maria hatte sichtlich an Ansehen gewonnen.

Vom Spiel ausgeschlossen

„Sie lassen mich nicht mitspielen!", ist ein häufiger Schmerzensschrei. Man muss sich vorstellen, wie bitter es ist, vom

Ersehnten und zugleich Selbstverständlichen, von den eigenen Leuten, ausgeschlossen zu werden. Geschieht das einem Erwachsenen unter Kollegen auf einer Party, bei einer Tagung, auf einem Fest und man sagt ihm, er solle doch einfach auf die zugehen, die ihn ablehnen, sie ansprechen, sich einmischen, sie zum Tanzen auffordern, dann würde er erschrocken ablehnen. Es sei doch offenbar, dass die ihn nicht wollten. Nicht so Kinder.

An einem Sommertag auf dem Spielgelände kommt Anja schluchzend zu mir: „Sie lassen mich nicht mitspielen!" „Wer?" „Birgit und Lena." „Was spielen die denn, dass sie dich nicht mitspielen lassen?" Anja: „Sie spielen verlassene Kinder im Wald." Die übliche Maßnahme in einem solchen Fall ist, die abweisenden Kinder zu bitten, Anja doch bitte mitspielen zu lassen. Sollte ich denn Anja auch so entmündigen? Ihr Selbstmitleid unterstützen? Ich sage zu Anja: „Wenn Birgit und Lena verlassene Kinder im Wald spielen, dann bist du eben ein wildes Tier. Hast du Krallen an deinen Tatzen?" Anja hält ihre Hände hoch und krümmt ihre Finger. Ihre Tränen versiegen. Sie fletscht die Zähne und stürzt sich auf das erste der verlassenen Mädchen, sie zu krallen. Ich höre noch empörte Rufe: „Anja, das kannst du doch nicht mit uns machen!" Konnte sie wohl, wie sich zeigte. Die drei Mädchen spielten nun vereint verlassene Mädchen im Wald unter wilden Tieren.

Ein anderes Mal haben Mädchen und Jungen in der Hecke einen Hohlraum als Höhle ausgemacht. Sie kriechen hinein, kuscheln sich dort zusammen, lassen weitere Kinder hinein, nicht aber Maria und Nina: „Ihr kommt nicht rein!" Wie soll ein Kind, das höflich fragt: „Dürfen wir auch in die Höhle?", verstehen, dass die anderen Draufgängerinnen aber keine Bittstellerinnen wollen. Ich sage zu den beiden Ausgeschlossenen: „Zu Hause wohl, aber hier beim Spielen müsst ihr

nicht fragen, ob ihr dürft. Geht einfach hinein in die Höhle."
Es war kalt und Raureif zierte die Äste. Das Gebüsch war durchsichtig und wunderschön bereift. Maria und Nina schauten sich an, ob sie es wohl wagen sollten. Maria voran, gehen beide hintereinander auf die leichte Böschung hinein in das Dickicht. „Wir fragen euch gar nicht, wir gehen einfach in die Höhle!", ruft Maria, sich Mut machend. Da stapfen sie beide in ihren bunten Anoraks durch das filigrane Buschwerk – ein unvergessliches Bild – und ducken sich zu den anderen in die Höhle und sind akzeptiert.

Keine der psychopädischen Interventionen löst die Probleme der Kinder endgültig. Aber sie haben Schlüsselerlebnisse erfahren, die sitzen. Maria hört zudem bei wiederkehrenden Gelegenheiten von mir, dass sie nicht fragen, sondern einfach handeln soll. Und jedes Mal merkt sie, wie einfach die Dinge sind. Sie bemerkt, dass es ihr, als im Sommer noch die Blätter an den Bäumen waren, mit den anderen Kindern in der Höhle ganz genauso ergangen war, und wie sie sich schließlich nicht mehr hat abschrecken lassen.

Vordrängeln
Was macht eine Betreuerin, wenn ein Kind sich jeden Tag die Hosen vollmacht? Die Hosen wechseln, das Kind prophylaktisch auf die Toilette schicken? Weit gefehlt. Daran war bei Kevin nicht zu denken. Er wollte offenbar sein Produkt behalten und leugnete den Tatbestand. Riefen die Kinder „Du stinkst" oder „Kevin hat in die Hosen geschissen", dann hörte er weg, als ginge ihn das Geschrei nichts an. Also überhörte ich es auch. Was sollte ich auch an den Symptomen herumdoktern, kannte ich doch die Ursache seiner Not nicht. Ich konnte nur rätseln: Wollte er Mamas Baby bleiben? In der Löwenfamilie hatte er das Baby gespielt. Wollte er stänkern, „Scheiß machen", weil er ein zu angepasstes Kind sein muss-

te? Wollte er seine äußerst gepflegte Mutter provozieren? Hatte es etwas mit dem Vater zu tun, der von der Familie getrennt lebte? Brauchte er Anerkennung für seine Produktivität? Diese zu loben konnte ich mich jedoch nicht entschließen.

Aber ich lobte den Jungen, wo immer ich es ehrlicherweise tun konnte. Auch das war nicht ganz einfach, denn Kevins Herrschergebaren missfiel mir sehr. Er wollte überall der Erste sein, belegte die besten Plätze, machte sich breit, entschied über die Spiele, bestimmte, wer mitmachen durfte und wer nicht. Er störte das Gleichgewicht in der Gruppe. Die einen Kinder fühlten sich in seiner Gunst und in seinem Fahrwasser wohl, die anderen fürchteten ihn regelrecht und beklagten sich über ihn. Einzig sein Eifer und die Freude, mit der er zur Gruppe gerannt kam, keinen Tag der Woche auslassend, und die Spielinitiativen, die er entwickelte, nahmen mich für ihn ein. Dann lobte ich ihn, ohne sein „Boss"gehabe anzuprangern. Ich spannte ihn ein, mir bei der Einhaltung unerlässlicher Regeln zu helfen: am Treffpunkt zu warten, nur gemeinsam die Straße zu queren und so weiter. Da setzte er sich mit Eifer ein und konnte selbst nicht vorpreschen.

Mit seinen unermüdlichen Aktivitäten und Spielideen war er wie ein Motor für die Gruppe. Er entdeckte zuerst den Baum zum Klettern, den alten Ofen zum Feuermachen, den Schuppen zum Hauseinrichten und Themen für die Rollenspiele. In dem Maße, wie ich dies anerkannte und gleichzeitig die sich vor ihm fürchtenden Kinder ermutigte, es mit ihm aufzunehmen, integrierte sich Kevin, wurde ein Gleicher unter Gleichen („primus inter pares") und das beste Pferd im Stall. Er wurde mir lieb und unentbehrlich. Es fiel nicht mehr ins Gewicht, wenn er mal wieder den Boss hervorkehrte oder

roch. Irgendwann hörte dies von selbst auf, ich weiß nicht, wann, denn ich hatte nicht mehr darauf geachtet.
Gegen Ende unseres Gruppenjahres sah ich ein einziges Mal Kevin in Begleitung seiner Mutter. War dies artige liebe Kleinkind an Mutters Hand derselbe wilde Junge? War das unser selbstbewusster Gruppenprimus? Drückte sich darin seine Notlage aus?

Trauern
An Kevins letztem Tag in der Gruppe kurz vor Schuljahresende verzog er sich – leise vor sich hin weinend – unter einen Tisch. Ich durfte ihn nicht trösten. Es gab auch keinen Trost. Er würde mit seiner Mutter wegziehen und die Kinder nicht wiedersehen. Er fühlte den Schmerz und wollte sich die Trauer nicht wegtrösten lassen, sondern sie erleiden.
So wie er hat manchmal ein Kind getrauert und jegliches Trösten oder Ablenken abgelehnt. Das war schwer für mich auszuhalten. Ich lernte von diesen Kindern, wie kostbar es ist, einen Schmerz nicht zu verdrängen, sondern ihn durchzustehen.

Und was war, wenn ich, die psychopädisch geschulte Erzieherin, selbst in Bedrängnis geriet? Dann war da immer zufällig jemand, der mir zu Hilfe kam: ein größerer Schüler, der den ausgerasteten Jungen in seine kräftigen Armen nahm; Drittklässler, die erklärten: „Das könnt ihr mit Frau Cram doch nicht machen!" Der sonst ängstliche Felix, der mir selbstbewusst erklärt: „Heute können Sie bei René nichts ausrichten. Wir reden mit ihm." Mit einem „Wir machen das schon" haben mir die Kinder oft sehr geholfen.
Oder aber an einem brütend heißen Tag, als die Kinder jammerten: „Wir haben Durst!" und ich mich sehr bedrängt fühlte, denn ich hatte nichts parat, schaffte eine hilfreiche Anwohnerin Abhilfe.

„Bengelchen" Maria hatte mir beim Nachhausegehen die Stiefel versteckt. Ihr herzhaftes Lachen hatte sie verraten. Und als ich den Schaden bemerkte, sind alle Kinder, die mir hätten helfen können, bereits auf und davon. Kein zärtlicher Kindermund legt sich mir ans Ohr, um hineinzuflüstern, wo ich mein Schuhzeug wiederfinden konnte. Und draußen liegt Schnee.

Was nun? Hatte ich nicht selbst darauf hingewirkt, dass Maria werden sollte wie die andern Kinder? Statt zu weinen und ausgegrenzt zu werden, lacht sie nun und spielt mit den anderen Streiche. Über den von ihr so gefürchteten Jungen sagt sie: „Mit Kevin ist es am allerschönsten." Mit diesen Gedanken tröstete ich mich schließlich selbst und suchte gut gelaunt meine Stiefel.

– „Es fällt mir schwer, sehe ich doch, dass ich im Kampfgetümmel des Alltäglichen oft von meinen Gefühlen mitgerissen werde und die Gelassenheit verliere, die ich bräuchte, um richtig zu reagieren und dem Heranwachsenden den Halt, die Hilfe zu geben, die er für die Bewältigung seiner schwierigen Aufgabe braucht." Hans Zulliger –

Die Pubertät aus psychopädischer Sicht

Die Kindheit endet, das Erwachsensein beginnt

Pubertät ist die Bezeichnung für eine genetisch bedingte mit Schwerpunkt im zweiten Lebensjahrzehnt etablierte lebensgeschichtliche Epoche. In ihr werden die primären und sekundären Geschlechtsmerkmale reif. In ihr endet einerseits die Kindheit und andererseits, und zwar überlappend, beginnt das Erwachsensein. Mit dem Eintritt der Fortpflanzungsfähigkeit regen sich neue Triebe, nämlich nach der Arterhaltung, nach Paarbildung, und vor allem nach sexueller Entspannung. Dieser genetisch vorgezeichnete, natürliche Wandlungsprozess vollzieht sich im Laufe mehrerer Jahre. Er beginnt bei den Mädchen etwa 2 Jahre früher als bei den Jungen. Als Zielsetzung körperlicher Auffälligkeiten nenne ich den Abschluss des Körperwachstums, die Reifung sowohl der inneren als auch der äußeren Geschlechtsorgane. Als Merkmale besonders hervorstechend sind Bartwuchs und Stimmbruch bei den Jungen, das Busen- und Beckenwachstum bei den Mädchen und das Wachsen der Schambehaarung bei beiden. Die meist beträchtlichen Schübe des Längenwachstums verändern die Perspektiven und damit das Weltbild der Pubertierenden weit stärker als dies oft angenommen wird. Auch wenn der junge Mensch immer mal wieder zu hören bekommt: „Wie bist du doch groß geworden", so bleibt bei dem, der das sagt meist unbedacht, dass er selbst, im Verhältnis gegen früher, nun kleiner und unbedeutender geworden ist!

Gleichgültig, ob die Pubertierenden mit ihrem Erwachsenwerden einverstanden sind oder lieber Kind bleiben würden, die Pubertät ereignet sich auch ohne ihr Zutun bzw. ohne dass sie es wirklich verhindern können. Allein schon als Folge ihres beträchtlichen Wachstumsschubes schauen sie die Menschen, zu denen sie bisher aufgeblickt haben, nunmehr in gleicher Höhe oder sogar von oben herab an. Für ihre Wahrnehmung sind die vormals großen Leute jetzt kleiner, unwichtiger und harmloser geworden. Wenn die Pubertierenden sich umschauen, verschaffen sie sich ungewollt, allein aufgrund der neuen Perspektiven, einen wesentlich größeren Überblick über ihre Mitwelt, als dies früher möglich gewesen wäre. Hinzu kommt, dass sich nicht nur die Längenverhältnisse ändern, auch Körpergewicht, Volumen, Muskelkraft und Hirnleistungen nehmen erheblich zu, mit der Folge, dass ihnen nun vieles leichter fällt als bisher und dass vieles, was sie jetzt anpacken, ihnen kleiner, schwächer und banaler vorkommt als zuvor.

Pubertierende bieten aufgrund der enormen körperlichen Veränderungen vorübergehend auch Störungen der Motorik, die sich in Haltung und Gang, in zerfahrener Handschrift und vergröberter Mimik zeigt. Es kommt, wie sollte es auch anders sein, zu psychosomatischen Entgleisungen, zu labilen Stimmungslagen, zu überschießender aggressiver Selbstkritik und zu Minderwertigkeitskomplexen neben deutlich herausgestellten Haltungs-, Geltungs- und Machtansprüchen. Die mit der Geburt einsetzende, in der frühesten Kindheit durchlebte Entwicklung, die wir als Bemächtigungsphase bezeichnen, hat dazu gedient, uns mit den materiellen Gegebenheiten unserer Mitwelt bekannt und daran anschließend vertraut zu machen.

Das ist etwas ganz Verschiedenes, sich bekannt zu machen oder sich vertraut zu machen. Das erste „sich bekannt machen" mit sich und der Welt erfolgt in den ersten Lebensmonaten und wird auch als „intentionale Phase" (H. Schultz-Hencke) bezeichnet. Darauf folgt die sogenannte „lambanale Phase" (U. Derbolowsky), die Phase des „sich vertraut machen" mit etwas. Sie dauert überlappend bis etwa in das 6. Lebensjahr an.

Ein Beispiel zur Verdeutlichung des Unterschieds: Sie sind neu in der Stadt und zum ersten Mal zu einer Party eingeladen. Da sind dann für Sie viele neue Leute, die sich untereinander kennen, zu denen Sie als Fremder neu hinzukommen. Üblicherweise ist es dann so, dass der Gastgeber oder die Gastgeberin Sie nach Ihrem Hereinkommen den anderen vorstellt. Er sagt z.B.: „Hallo, liebe Gäste, ich möchte Sie mit einem neuen Gast bekannt machen", und nennt Ihren Namen. Dann murmeln die anderen, wenn sie von Ihnen begrüßt werden, auch irgendwelche akustischen Signale, die wahrscheinlich deren eigener Name sein sollen. Sie wissen, wie das vor sich geht. Manche Leute macht dieser Vorstellungsmodus so beklommen, dass sie nur ungern zu Partys gehen, weil ihnen dieser Vorgang peinlich ist. Sie fühlen sich gehemmt, haben vielleicht feuchte oder, wenn sie älter sind, kalte Hände und irgendwie drücken sie damit eine Art Lampenfieber aus. Aber wenn der Abend nett verläuft, dann folgt auf diesen Akt des Sich-bekannt-Machens mit den Leuten, der nächste Akt, nämlich das „sich mit ihnen vertraut machen". Also dass man sie näher kennenlernt durch den Umgang mit ihnen. Der erste Schritt ist sozusagen das Etikett, das man auf eine Flasche klebt und die man im zweiten

Schritt dann mit Inhalten auffüllt. Das entspricht der Bekanntmache- (intentionale) und der Vertrautmache- (lambanale) Phase. Der zweite Schritt ist vergleichbar mit dem Arbeiten mit Dingen, nämlich sie zu erforschen und zu zerlegen, ohne sie dabei zerstören zu wollen.

Zum Beispiel stapelt der Papa für das Kind Bauklötze aufeinander und sagt ihm: „Guck mal, ich bau dir hier einen schönen Turm." Dann probiert das Kind als Erstes, ob der Bauklotzturm nicht beißt, schimpft, brennt usw. Es weiß es ja nicht. Der Turm wird also ganz vorsichtig berührt und schließlich, als Clou von der ganzen Geschichte, umgeschmissen. Und jetzt strahlt das Kind und jauchzt fröhlich, wenn es das schon so ausdrücken kann, und will es noch mal machen und noch mal und noch mal. Es bringt zum Ausdruck, dass das eine Mal noch lange nicht reicht. Wenn also der Vater denkt, es müsste eigentlich für das Kennenlernen und Vertrautwerden reichen, wenn das Kind es 1–2 Mal erfahren hat, dann irrt er. Man rechnet mit etwa 50 Mal als normale neurologische Größenordnung. 50 Mal mindestens muss man einen Vorgang hören, sprechen, handhaben, bis man den Eindruck hat, dass man das schon kennt! Das wird noch deutlicher bei den Mahlzeiten. Die Eltern sagen: „Wenn man zu Tisch kommst, dann wäscht man sich vorher die Hände", und dann sagen sie das am 2. Tag, am 3. Tag, am 4. Tag und wenn es dann noch nicht zuverlässig klappt, kommt z.B. die Ansage: „Ich habe dir doch schon 1000-mal gesagt, du sollst dir, bevor du an den Tisch kommst, die Hände waschen!" Tatsächlich sollte man sich vor dem 50. Mal überhaupt nicht auf die Vergangenheit beziehen. Erst ab dem 51. Mal sollte man sagen: „... wie ich dir schon ein Mal gesagt habe". Das ist die Vorgabe, die man da machen sollte.

Diese Phasen in der kindlichen Entwicklung des Sich-Bekanntmachens und dann des Sich-Vertrautmachens sind bei Beginn der Pubertät längst abgeschlossen, jedoch mit Ausnahme des Bereichs der Sexualität. Das ist die merkwürdige Geschichte. Das Kind lernt schon früh seinen Körper kennen, lernt alles kennen. Was dieses Thema bei Pubertierenden betrifft, geht es jetzt um das Sich-Bekanntmachen mit dem sich verändernden eigenen Äußeren und dem zunächst noch kindlichen Genitale sowie mit dem Unterschied der Geschlechter. Wieder geht es also um das Gleiche, nämlich um die auf diesem Gebiet erforderlichen Schritte des Sich-erneut-Bekannt-und-Vertrautmachens, wenn die sexuellen Antriebe und die damit verbundenen Veränderungen unausweichlich über die Pubertierenden hereinbrechen. Bei Jungen geschieht dies mit voller Wucht, bei Mädchen geht es behutsamer zu, geschieht dafür aber eher.

Im Rahmen der frühkindlichen Bemächtigungsvorgänge im Genitalbereich konnte damals, verglichen mit allen anderen Bedürfnissen, meist nur ein kleiner Anteil erledigt werden. Das hängt auch mit der Tabuisierung der Sexualität und der Sexualorgane in unserer Gesellschaft zusammen. Man denke da z.B. an die für viele unangenehme Situation, wenn kleine Kinder in Gesellschaft Erwachsener ganz ungeniert anfangen an ihrem Genitale herumzuspielen oder an die oft leitlinienartigen Sprüche von Erwachsenen, manchmal auch der älteren Geschwister im Sinne von „Das tut man nicht!" oder „Die Händchen gehören auf die Bettdecke, der liebe Gott sieht alles" und Ähnliches, das die Entdeckerfreuden des Kleinkindes in diesem Gebiet einschränkt und obendrein mit schlecht oder schmutzig bewertet.

Bricht dann in der Pubertät das sexuelle Antriebsleben mit seiner vollen Wucht in das Leben der Pubertierenden ein, ergeht es den Betroffenen wie einem, der bei plötzlichem Hochwasser eingesetzt wird, um einen brüchigen Deich mit Sandsäcken abzudichten. Die Bemächtigung mit Bezug auf die Sexualität erfolgt in zwei Schritten. Die erste frühkindliche Bemächtigungsphase beinhaltet vergleichbar dem Bau eines Autos und die Pubertät als zweite Bemächtigungsphase bezieht sich dann auf den Kauf und die Inbetriebnahme sowie die Nutzung des Autos. Etwaige Fehler, die bei dem Bau gemacht worden sind, wirken sich logischerweise erst bei oder irgendwann nach der Inbetriebnahme als Störungen aus.

In der ersten Bemächtigungsphase werden die Geschlechtsteile von den Kindern sinngemäß als Pippi-Organe erlebt. Die Vater-Mutter-Kind- und die Doktor-Spiele gehören in diese Zeit. Der Begriff Sexualität ist in dieser Phase noch völlig fehl am Platze. Zutreffend wird stattdessen in Fachkreisen von Genitalität bzw. von einer genitalen Stufe der Antriebsgestaltung gesprochen. Den Geschlechtsteilen wird in dieser Zeit vorübergehend deshalb besonderes Interesse gewidmet, weil es sie in zwei unterschiedlichen Ausfertigungen gibt, einer weiblichen und einer männlichen. Man kann sich die Persönlichkeitsentwicklung des Menschen so vorstellen wie eine Wendeltreppe oder wie eine Spirale, die nach einiger Zeit zum Ausgangspunkt zurückkehrt, allerdings nun in einer anderen Ebene oder Etage. Die Pubertät ist der frühkindlichen Bemächtigungsphase besonders ähnlich. Denn beiden gemeinsam ist ein genetisch vorgegebener Konflikt. Beim kleinen Kind war es die Neugier, die es veranlasst hat, alles, was ihm unter die Finger gekommen ist, zu erkunden. Zum Kennenlernen und Vertrautmachen war es unausweichlich, die von den Eltern zusammengefügte, gebaute materielle Nestwelt zu zerlegen und aus deren Sicht „kaputt zu machen". Siegmund Freud hat deshalb irrtümlich von einer destruktiven Phase gesprochen. Jenes Handeln des Kindes wird jedoch nicht von Zerstörungslust angetrieben, sondern von seiner noch ungestümen Neugier und Liebe zu allem, was ihm begegnet.

Im Gegensatz dazu werden Eltern gleichfalls genetisch stimuliert, das zum Gedeihen ihrer Kinder notwendige stabile Nest zu errichten und dieses zu erhalten. Unausweichlich ist so ein Konflikt zwischen den Generationen vorprogrammiert, der immer wieder erfolgt und immer wieder erneuert wird. Dieser Konflikt hat zwei Hochphasen: Die erste liegt in den ersten Lebensjahren während der Bemächtigungsphase, in der die äußere Welt zerlegt wird, was am Beispiel der Bauklötzchen erläutert worden ist. Sie bezieht sich besonders auf die materielle Nestwelt.

Die andere Hochphase dieses Konfliktes stellt sich ein mit den zu Beginn der Pubertät neu einsetzenden notwendigen Bemächtigungsvorgängen. Diese gelten nun der ideellen Nestwelt. Es ist dasselbe Geschehen wie damals. Nur sind sie jetzt bezogen auf die Welt der Urteile und der Vorurteile, der Beziehungen, der Ordnungen, der Üblichkeiten und nicht mehr auf die stoffliche Welt. Offenbar müssen jetzt die bis dahin Halt gebenden geistigen Werte und Privilegien, die bis dahin von den Erwachsenen übernommen wurden, wieder eingeschmolzen werden. Dazu gehören z.B., alten Menschen Platz anzubieten, auf Alter und Stellung Rücksicht zu nehmen, kulturelles Gut zu pflegen und zu erhalten. Für die Pubertierenden gilt es, sich nun eine eigene persönliche Wertwelt zu erschaffen. Dabei ist mit zu beachten, dass die Pubertierenden einerseits noch eine Zeit lang dazu berechtigt sind, Liebe und Zuwendung von außen, also von den Eltern und Erziehern usw. her zu begehren, und andererseits sind sie als bald Erwachsene dazu verpflichtet, sich die bei ihnen vorliegenden Liebesbedürfnisse zunehmend selbst zu stillen.

Es zeichnet sich ab, dass die Vormünder, meistens die Eltern, ihre Aufgaben Zug um Zug an den erwachsen werdenden Mensch abzutreten haben. Dabei zeigt sich in zahlreichen Situationen, dass viele der Heranwachsenden einerseits am liebsten noch länger Kind bleiben möchten, andererseits aber schon allzu gern erwachsen wären. Das drückt sich z.B. in dem Wunsch aus, älter zu sein, als man ist. Dennoch erlischt zunehmend das bisherige Eltern-Kind-Verhältnis und ebenso alle übrigen verwandtschaftlichen Hierarchien und Privilegien. Aus Papa und Mama sind Peter und Claudia geworden. Das bedeutet aber nicht, dass zwangsläufig alle Brücken abgebrochen werden müssten, denn an deren Stelle können nun gute und auch tragfähige Freundschaften entwickelt werden. Für den Erwachsenenstand gilt selbstverständlich, dass wir allzumal Brüder und Schwestern sind, aber dass nun keine hierarchischen Verpflichtungen und vor allen Dingen keine Privilegien mehr bestehen. Dieser Vorgang erfolgt nicht schlagartig, sondern er vollzieht sich über eine längere Zeitspanne, z.B. darf Papa immer noch später ins Bett gehen als diese jungen Leute. Die brauchen den Schlaf ja noch. Vor allen Dingen wissen sie vieles noch nicht, sie sollten sich mal ein Beispiel daran nehmen, was Vater oder Mutter sagt.

Zur Veranschaulichung dieser komplexen und schwierigen Thematik können Sie sich den Verlauf einer Geburt vorstellen, denn da geht es vergleichbar zu. Die Schwangere erlebt als Startsignal der Geburt, dass irgendwas in ihr, Udo Derbolowsky nennt dies den leitenden Engel, „Wehe" ruft und damit den Vorgang startet mit dem Ziel, dass das Kind jetzt den Mutterleib verlässt. Dieses wird dadurch erreicht, dass die nun als gebärende bezeichnete Mutter denkt und es auch so meint: „Jetzt raus mit dir!" Parallel dazu denkt das

Kind, dem es langsam zu eng geworden ist in ihrem Bauch: „Bloß raus hier!", und meint es auch so. Beide zusammen stemmen sich nun mit zunehmender Kraft gegeneinander und werden dabei von den anwesenden Hilfspersonen kräftig unterstützt durch alles Mögliche, Atemtechniken usw. Es muss ziemlich viel Kraft aufgewendet werden. Manchmal gelingt es nur, wenn Helfer kräftig mitwirken, um das, was da schon läuft, in gleicher Richtung zu verstärken. Geht alles gut, lässt das Kind als Neugeborenes schließlich den Mutterleib hinter sich.

In diesem Zusammenhang heißt es in der Bibel: Jesus sagt, „so jemand zu mir kommt und hasset nicht seinen Vater, Mutter, Weib, Kinder, Brüder, Schwestern …, der kann nicht mein Jünger sein", Lukas 14,26. Nach meinem Verständnis meint hier der Begriff „hassen" das Notwendige mit aller Wucht lösen und auseinandertreiben.

In der Pubertät erleben und erleiden die Eltern, dass es keinerlei Vorrechte mehr gibt, dass sie nun ebenso wie die Altersgenossen des Heranwachsenden mit gleichem Vokabular angeschrien werden. Alle Damen und Herren sind dann Arschlöcher und Idioten, Drecksäue und Huren geworden. Wenn man davon betroffen ist, kann man mit dem heiligen Augustinus nur bekennen: „Ich habe nun verstanden, dass wir zwischen Urin und Kot geboren worden sind – intra vetius et nurina nascimo." Der alte Augustinus hat das schon gewusst, und er hat vor allen Dingen kein Tabu gehabt, da auch hinzusehen.

Abschließend sei erwähnt, dass es für den Umgang mit Pubertierenden sehr hilfreich sein kann, sich einmal bewusst zu machen, wie viele Rollen der Mensch in jeder Lebenssituation hat, z.B. als Sohn des Vaters, als Sohn der Mutter, als Freund von Peter, als Schüler usw., und dass jede der Rollen die Regiekompetenz für die Lebensgestaltung haben will. Ein

Vorgehen, wie es therapeutisch im Psychodrama von J. L. Moreno praktiziert wird.

Einige humoristische Zitate zur Pubertät
aus dem Internet:

„Anarchistische Ideen sind die Stelzen der Pubertät."
„Die Pubertät ist vorüber, wenn der junge Mann bemerkt, dass das Mädchen es bemerkt, dass er es bemerkt."
„Ich glaube, unser Jens wird erwachsen! Er hat ein Gruppenfoto der Fußballmannschaft gegen ein einzelnes Mädchenfoto eingetauscht."
„Ideale sind unausgereifte Gedanken und Taten. Die meisten Menschen bleiben in der Pubertät stecken."
„Pubertät ist der Zeitraum, in dem die Jungen nicht wissen, ob sie ein Mädchen küssen oder verhauen sollen."
„Pubertät hat es zu unserer Zeit nicht gegeben: Ich bin mit 15 Jahren noch rot geworden, wenn ich ein Damenfahrrad gesehen habe!"
„Pubertät ist, wenn die Eltern anfangen schwierig zu werden."
„Pubertät ist, wenn man grübelt und nicht weiß, worüber."
„16 Jahre: Entschieden das schlimmste Alter, weil da alles, was man möchte, identisch ist mit dem, was man nicht darf."

– Am Beispiel des Märchens von Dornröschen beschreibt Udo Derbolowsky, wie eine mit Schwerpunkt in der Pubertät liegende Entwicklungsstörung zustande kommen kann. –

Dornröschen oder Sexualität im Licht der Pubertät[2]

Lassen Sie uns davon ausgehen, dass es sich um eine psychopädische Sprechstunde handelt. Die Leute, von denen da die Rede sein soll, sitzen im Wartezimmer und sollen jetzt reinkommen. Sie haben das Blatt mit den Personalien von der Sekretärin schon auf den Schreibtisch gelegt bekommen. Unter der Überschrift „Der Nächste bitte" geht die Tür auf und ein Elternpaar kommt rein. Damit geht unsere Geschichte los. Wir machen uns selbst zunächst bewusst, dass wir jetzt in die Schranken gefordert werden und dass wir immer im Fokus behalten, dass nur die Liebe zählt und dass alles, worauf es ankommt ist, dass wir auf die Liebe achten. Also: Wie ist eigentlich die Liebe der Menschen beschaffen, die da jetzt reinkommen? Wo lieben sie sich nicht genug? Wo kann man ihnen dazu ein paar Fragen stellen? Die einfachste Möglichkeit wäre natürlich, wenn nun so ein König reinkommt, dass man ihn nicht mit Majestät anredet, sondern dass man einfach nur fragt: „Haben Sie sich eigentlich lieb?"

„Vor Zeiten war ein König und eine Königin. Sie sprachen jeden Tag: ‚Ach, wenn wir doch ein Kind hätten.' Und sie kriegten immer keines. Da trug sich zu, dass die Königin einmal im Bade saß, dass ein Frosch aus dem Wasser ans Land kroch und zu ihr sagte: ‚Dein Wunsch wird erfüllt werden. Ehe ein Jahr vergeht, wirst du eine Tochter zur Welt bringen.'

---

[2] **Autor: Udo Derbolowsky**

Was der Frosch gesagt hatte, das geschah und die Königin gebar ein Mädchen. Das war so schön, dass der König vor Freude sich nicht zu lassen wusste und ein großes Fest anstellte. Er lud nicht bloß seine Verwandten, Freunde und Bekannten, sondern auch die weisen Frauen dazu ein, damit sie dem Kind hold und gewogen werden. Es waren ihrer 13 in seinem Reiche. Weil er aber nur 12 goldene Teller hatte, von welchen sie essen sollten, so musste eine von ihnen daheimbleiben. Das Fest ward mit aller Pracht gefeiert. Und als es am Ende war, beschenkten die weisen Frauen das Kind mit ihren Wundergaben. Die eine mit Tugend. Die andere mit Schönheit. Die dritte mit Reichtum und so mit allem, was auf der Welt zu wünschen ist. Als 11 ihre Gabensprüche eben getan hatten, trat plötzlich die 13. herein. Sie wollte sich dafür rächen, dass sie nicht eingeladen war, und ohne jemand zu grüßen oder nur anzusehen, rief sie mit lauter Stimme: ‚Die Königstochter soll sich in ihrem 15. Jahr an einer Spindel stechen und tot hinfallen.' Und ohne ein Wort weiter zu sprechen, kehrte sie sich um und verließ den Saal. Alle waren erschrocken. Da trat die 12. hervor, die ihren Wunsch noch übrig hatte. Und weil sie den bösen Spruch nicht aufheben, sondern nur mildern konnte, so sagte sie, dass es aber kein richtiger Tod sein soll, sondern ein hundertjähriger tiefer Schlaf, in welchen die Königstochter fällt."

Es ging also in dem Land noch ganz gepflegt zu. Doch kommen wir zurück auf unsere Frage: Wie ist das nun mit der Liebe? Zu welchem Ergebnis sind Sie gekommen? Das Mädchen hat doch eigentlich Glück gehabt, nicht wahr? Solche lieben Eltern. Ich meine: Das königliche Ehepaar, von dem hier die Rede ist, lebte vermutlich in Form einer sog. Josefsehe zusammen, also ohne gemeinsame Sexualität. Das entnehme ich daraus, dass der Frosch sein feuchtes Element verlässt und der Königin seinen Rücken zukehrt. Mit Bezug auf das angekündigte Töchterchen macht der Vater deutlich, dass es sich bei seiner Zuwendung um bedingte Liebe handelt. Denn das Fest hätte nicht stattgefunden, wenn die Tochter ein bisschen makelhaft ausgesehen hätte oder wenn es gar ein wenig behindert gewesen wäre. Ja der Vater macht seine Zuwendung sogar ausdrücklich davon abhängig, dass das Kind das schwere Schicksal einer besonderen Schönheit mitgebracht hat. Dass dies ein schweres Kreuz ist, hat er dabei sicher nicht bedacht. Denn es ist bekannt, dass jede Normabweichung im Leben leidvoll ist, denken Sie z.B. an das Märchen vom hässlichen kleinen Entlein. Wenn jemand besonders hübsch ist, dann hat er es schon in der frühen Kindheit und in der Schule nicht leicht, denn er erfährt dadurch eine veränderte Welt. Alle gucken ihn öfter an als andere. Er denkt dabei, dass er gemeint ist, aber „er" ist gar nicht gemeint, nur sein Aussehen.

Der Frosch geht aus dem feuchten Element auf die Erde, auf das Land, geht also in eine andere Aggregatstufe hinein, in der sich Flüssiges verfestigt hat, sozusagen. Wir kennen das in der Neurosenlehre auch. Da nennen wir das Verschieben in den festen Aggregatzustand anders. Wir nennen es „verdrängen". Es wird etwas verdrängt und dabei können wir uns vorstellen, dass es irgendwie eingefroren wird. So sieht man es heute. Man nimmt etwas, was man gerade nicht gebrauchen kann und friert es ein. Wenn Sigmund Freud das damals schon gewusst hätte, hätte er seine ganze Theorie auf die Schmelzwärmevorstellung umgestellt statt auf sein bekanntes mechanisches Weltbild.
Aus einem anderen Märchen kennen wir, dass ein Frosch, der sich nähert, geküsst oder irgend so etwas bekommen will, um sich in einen Prinzen zu verwandeln. Dieser Frosch hier ist anders. Wir sehen ihn, wie er da am Strand, am Ufer, so hochkriecht und dann in dem Dickicht verschwindet. Und

während er da wegkriecht, hat er so im Vorbeigehen gesagt: „Du wirst dieses Jahr noch eine Tochter kriegen, bevor 12 Monate ins Land gegangen sind." Ansonsten ist über einen Zusammenhalt dieses elterlichen Ehepaars nichts zu erfahren, außer eben dass sie sich ausstatten mit den Insignien der Würde, der Königsherrschaft, also ganz besondere Leute sind, die die Achtung der anderen verlangen.
In diese Situation kommt nun das Kind hin und da wird dieses große Fest gefeiert, dem Kinde zu Ehren.

Jeder von uns, der da geladen wäre, der würde schon denken, mein Himmel, was soll bloß daraus werden. Und dann geht noch weiter daraus hervor, dass der Vater genaue Vorstellungen hatte, welche Vitalität zugelassen sein soll und welche nicht. Das wird dargestellt durch diese 13 Feen. Sie sind die Repräsentanten der Vitalität und von ihnen muss das Kind nun lernen, dass es Neugier hat, dass es Wünsche hat, dass es Ellbogen hat, dass es Erziehung bekommt. Wir wissen, wie das so geht. Wir nennen das die antriebspsychologische Auffächerung. So wie wir das alle auch gelernt haben. Nur hier wird von vornherein festgelegt, dass zwar 12 Feen von dem Töchterchen Besitz ergreifen und ihr als Kraft in ihrem Leben zur Verfügung stehen sollen. Aber eine darf nicht erscheinen! Es wird vorher vom König festgelegt, was da draußen zu bleiben hat. Also von Anfang an wird ein bestimmter Sektor der Triebentfaltung von der Entwicklung ausgeschlossen. Es wird gesagt, wie es zu sein hat, nämlich dass in diesem Land die 12-goldene-Teller-Moral herrscht. Wer diese 12-goldene-Teller-Moral nicht akzeptiert, der darf an diesem Fest des Lebens nicht teilnehmen. Also wird, wie oft üblich, die Fee für die Sexualität ausgeschlossen. Aber ob eingeladen oder nicht, platzt diese 13. Fee noch vor der letzten eingeladenen Fee irgendwie rein und äußert sinngemäß, hört mal, ihr kennt die Lebensgesetze nicht, wenn man eine von uns ausschließt, wenn man einen Lebenstrieb abweist, dann ist das immer gleichbedeutend mit Tod. Im Märchen kommt nach dieser Fee glücklicherweise noch die eingeladene 12. Fee, die das noch abmildern kann auf partiellen Tod. Sie sagt sinngemäß, dass wenn man richtig seine Ausbildung, seine psychotherapeutische oder psychopädische Ausbildung gemacht hat, dann weiß man, dass es Ersatzbefriedigungen für das „Eingefrorene" gibt. Also dass, wenn man sehr hungrig ist und weil nichts Essbares erreichbar ist, der Hunger auch vergeht, wenn man stattdessen nun z.B. eine Zigarette raucht oder einen Schnaps trinkt. Oder man kann eine auftretende Versuchungssituation auch zeitlich und örtlich verschieben. Das heißt, wir legen diesen Antrieb, wenn er irgendwie dennoch erwacht, erst mal in den Tiefkühler und dann warten wir ab, wann sich eine Gelegenheit zur Bearbeitung bietet oder wir sitzen es einfach aus. In dem Märchen wird das allerdings mit einem warnenden Ausrufezeichen versehen, denn es soll dann 100 Jahre dauern.

Wenn wir das auf die Sexualität beziehen, dann ist das nicht nichts, denn 100 Jahre, heißt es, brauchst du, um das auszusitzen. Erst dann kommt der für dich bestimmte Prinz. Aber du kannst jetzt schon darauf hoffen und davon träumen. Denn die Prinzessin wird 100 Jahre lang schlafen. Das Einzige, was sie dabei tun kann, ist träumen.

„Es geschah, dass an dem Tage, wo es gerade 15 Jahre alt war, der König und die Königin nicht zu Hause waren und das Mädchen ganz allein im Schloss zurückblieb. Da ging es allerorten herum. Es sah Stuben und Kammern, wie es Lust hatte."

Das Mädchen, dem vorhergesagt worden war, dass es im Alter von 15 Jahren eine Symptomatik bekommen wird, nachdem es sich an einer Spindel sticht, ist 15 geworden und an einem Tag allein zu Haus. Ihre Eltern, der König und seine Königin, sind gemeinsam unterwegs und mit ihnen sind alle ausgeflogen und haben noch gesagt „Dass du schön brav bist!" Da passiert es, dass das Mädchen doch noch eine Stelle gesünder ist, als wir und die Eltern es bisher angenommen haben. Es bleibt nicht brav da sitzen, sondern es setzt seine Expeditionsfahrten von der Kindheit fort, die nun aber in der Pubertät einen ganz anderen Hintergrund haben, und untersucht eine Kammer nach der anderen, wo sie noch nicht war. Da kommt sie an einen Ort, wo was passiert? Was sieht sie da?

„Sie ging die enge Wendeltreppe hinauf und gelangte zu einer kleinen Türe. In dem Schloss steckte ein verrosteter Schlüssel, und als es ihn umdrehte, sprang die Türe auf und da saß in einem kleinen Stübchen eine alte Frau mit einer Spindel und spann endlos ihren Faden.
‚Guten Tag, du altes Mütterchen', sprach die Königstochter.
‚Was machst du da? Ich spinne', sagte die Alte und wiegte mit dem Kopf. ‚Was ist das für ein Ding, das so lustig herumspringt?', sprach das Mädchen, nahm die Spindel und wollte auch spinnen. Kaum aber hatte sie die Spindel angerührt, so ging der Zauberspruch in Erfüllung: Sie stach sich damit in den Finger. In diesem Augenblick, wo sie den Stich empfing, fiel sie auf das Bett nieder, das da stand, und versank augenblicklich in einen tiefen Schlaf."

In unserem Märchen Dornröschen hatte es so begonnen: Die Eltern veranstalten aus Freude über die Geburt ihrer Tochter ein Fest und laden dazu zwölf Feen ein, die offenbar die Repräsentanten eines weit gefächerten Antriebslebens sein sollen. Nur eine 13. Fee, welche meines Erachtens die erst später, nämlich in der Pubertät einsetzenden Bedrängnisse, die sexuellen Bedürfnisse, repräsentiert, wird nicht eingeladen, offenbar, um ihrer Tochter und deren Mitwelt wohlmeinend die mit der Sexualität regelmäßig verknüpften Probleme zu ersparen. Sie hatten selbst schließlich nur 12 goldene Teller zur Verfügung, also den 13. selbst auch nicht zur Verfügung.

Diese Eltern waren für das neugeborene Menschenkind mitsamt den von ihm selbst eingebrachten Begabungen nicht offen. Das lässt sich daraus entnehmen, dass sie die 13. Fee bei den Einladungen ausgeschlossen bzw. zumindest übergangen haben. Sie hatten verständlicherweise wie so viele Eltern ihre eigenen Vorstellungen darüber, was aus dem Kind beruflich und charakterlich später einmal werden soll. Diese Wunschbilder gleichen Zwangsjacken, die den Kindern sozusagen einfach übergestülpt werden, wie es im Märchen von Dornröschen durch den Ausschluss der 13. Fee geschieht. In den Rollen der Eltern haben wir Repräsentanten der „erstickenden Liebe" vor uns, weil ihre Liebe nicht wirklich dem Dornröschen, sondern einer eigenen Idealvorstellung gilt. Die 13. Fee beantwortet ihren Ausschluss bzw. ihre Verdrängung auf zweierlei Weise. Erstens demonstriert sie, dass es nicht gelingen kann, Lebenstriebe gänzlich auszusperren: Sie ist, wie man sieht, nämlich trotzdem gekommen. Zweitens demonstriert sie, dass die erzwungene Verdrängung eines Antriebsgebietes nur mit Hilfe von Todesdrohungen funktioniert und zugleich auch Todesdrohung bedeutet. „Wer du auch bist, das interessiert mich nicht. Du bist des Todes!" Ihre Gabe ist folglich ein Fluch: „Du wirst dich an einer Spindel (als Phallussymbol gemeint) stechen und tot umfallen!", sprachs und verschwand.

Glücklicherweise hatte von den eingeladenen 12 Feen die 12. ihre Gabe noch nicht abgegeben. So konnte sie das Unheil jenes Fluches mindern. Sie sagte: „Nicht tot umfallen sollst

du, wenn du dich an der Spindel stichst! Stattdessen wirst du in einen hundert Jahre währenden Schlaf fallen, aus dem dich zur vorgegebenen Zeit ein Prinz erwecken wird." Die 13. Fee hat mit ihrem Fluch ein Beispiel für Lieblosigkeit gegeben.
Die 12. Fee dagegen verkörpert in dem Märchen das Erbarmen, welches die tödliche Lieblosigkeit der 13. Fee in „bedingte Liebe" umwandeln kann. Praktisch gesagt sagt bedingte Liebe beispielsweise: „Wenn du dich vorzeitig von deiner Neugier verführen lässt und eigenmächtig sexuelle Praktiken kennenlernst, dann bist du insoweit nicht unser liebes Kind." Hierbei geht es nur um bestimmte Handlungen und Verhaltensweisen eines bestimmten Kindes, um Äußerungen umschriebener Bedürfnisanteile, die mit Liebesentzug bedroht werden, ohne dass dem betreffenden Kind sein Platz im Herzen seiner Erzieher gekündigt wird.

In unserer Gesellschaft wird die Rolle der gütigen letzten Fee oft von Großeltern oder von Nachbarn übernommen. Es kann ggf. auch der Briefträger, der Kaufmann von nebenan, ein Handwerker oder ein ungenannter Fremder sein. Sie alle können mit ihrer dem Dornröschen zugewandten unbedingten Liebe erreichen, was die gütige 12. Fee zu guter Letzt verkündet, nämlich dass das Todesurteil nicht vollstreckt wird. Es wird in eine seelisch bedingte, für Dornröschen allerdings tiefgreifende Beziehungsstörung umgewandelt, die in der Pubertätszeit durch den Stich einer den Phallus symbolisierenden Spindel ausgelöst wird. Das Märchen spricht von einem hundertjährigen Schlafzustand. Während dieses Zustands geistiger Unerweckbarkeit gleicht Dornröschen in unserem Alltag einer tagträumerischen Schlafmütze. Im Umgang mit ihren Altersgenossinnen- und genossen wirkt sie verträumt, als habe sie Zeit, um hundert Jahre auf „ihren" Prinzen zu warten. Zudem trägt sie, bildlich gesprochen, ein

Schild um den Hals, mit der ehrlichen Aufschrift „Bin noch hundert Jahre lang besetzt". Und die mit vielen Blüten verführerisch duftende, aber unpassierbare Rosenhecke um sie herum, lockt jedoch immer wieder neue Freier an, die in der Hoffnung, sie könnten die Schlafende wecken, in deren Dornen hängen bleiben. Sie ahnen nicht, dass die Dornen, die den Spindeln gleichen, eine phallische Haltung symbolisieren, denen der Fluch entzogener Liebe anhaftet. Die Dornenhecke verleiht der Prinzessin ein Sinnlichkeit sprühendes exhibitionistisches Vordergrundverhalten, hinter dem sich eine knabenhafte und frigide Schläferin verbirgt. Der Hinweis auf die hundert Jahre sollte die Prinzen schließlich noch warnen: Auch du kannst einen Menschen nicht ändern.

– Im Folgenden werden sechs Bereiche beleuchtet, die mir zum Verständnis der Thematik wichtig erscheinen. Sie finden sich hintergründig durchschimmernd in vielen Kapiteln wieder, denn sie bilden einen Teil des Rahmens und der Atmosphäre, in der Heranwachsen stattfindet. –

Rechte und Pflichten der Eltern und der Kinder

Zwischen Eltern und Kindern ist nie ein Vertrag zur Regelung von Pflichten und Rechten der jeweiligen Seite unterzeichnet worden, auch nicht in Bezug auf Unbotmäßigkeit oder dergleichen. Wenn Sie jetzt einmal Pflichten und Rechte abtasten wollen, dann fragen Sie sich einmal, wie das im Leben sonst so ist. Ich meine, in unserem Zusammenleben entstehen nur aus Verträgen Pflichten einerseits und Rechte andererseits.
Um diese Fragestellung etwas deutlicher zu machen, ein Beispiel: Stellen Sie sich vor, es werden Menschen gewaltsam entführt, um irgendwo als Zwangsarbeiter zu arbeiten. Wenn sie dort angekommen sind, finden sie dann Werkzeuge usw. vor und werden zur Arbeit getrieben. Ist es so, dass diese Menschen sich unterwegs fragen: Was werden wir nun für Pflichten haben, wenn wir da ankommen und bekommen wir da auch was zu essen? Das ist doch unser gutes Recht, nicht wahr? Und wir haben das Recht, zu verlangen, dass wir noch eine zweite Decke kriegen, wenn es uns nicht reicht, und wir haben die Pflicht, jetzt so viel wie möglich an Arbeitsleistung zu erbringen. Ist es so oder ist es anders?

Was für ein Recht hat eigentlich ein Mensch, wenn er entführt wurde, also Entführter ist? Was ist dessen Hauptrecht, das er in dieser Lage hat? Natürlich abzuhauen, sich dem zu entziehen. Und was wäre demgegenüber die Pflicht der anderen, der Entführer? Sie haben die Pflicht, uns abhauen zu lassen, und nicht nur das, sondern uns zurückzubringen und zu entschädigen usw. So gesehen liegen alle Rechte auf der Seite des Entführten und alle Pflichten auf Seiten der „Verführer", so will ich es mal nennen. Ist es so oder noch anders? Gibt es in einer solchen Situation überhaupt Rechte und Pflichten? Die meisten von mir Befragten sind mit mir der Meinung, dass Pflichten und Rechte nur durch Verträge entstehen.

Nun fragen Sie sich mal, wie es war, als wir uns alle schon kennengelernt haben damals in dem großen Teich, aus dem die Klapperstörche immer die Babys abholen. Stand da am Rand ein Tisch, an dem jeder von uns, bevor er mit dem Storch mitgegangen ist, unterzeichnet hat, dass er sich, wenn er bei Familie xy nun als Kind geboren wird, nun grundsätzlich diesen Eltern unterwirft? Glauben Sie, dass es so war? Wenn es so war, dann ist es ganz sicher so, dass einige damals vergessen haben, diese Unterschrift zu leisten. Das müssten sie dann nachholen oder nicht? Wenn wir aber keinen solchen Vertrag abgeschlossen haben, dann ergibt sich als Konsequenz, dass die Babys, die Kinder, die Jugendlichen, die da heranwachsen, alle Rechte haben und die Eltern bzw. deren Stellvertreter, also die Erzieher, die Vormünder, alle Pflichten haben. Nämlich die Hauptpflicht, den Geborenen ihr Gedeihen so zu ermöglichen, dass sie das entfalten können, was sie sind.

Meistens kommt es jedoch irgendwie ganz anders. Meistens ist es so, dass in der Garderobe schon vor der Geburt die Kleidung hängt, die, krass gesagt, den Beruf kennzeichnet, den das Kind ergreifen soll, und was auch sonst aus ihm werden soll. Mit Kleidung sind hier die mehr oder weniger bewussten Vorstellungen gemeint, die sich die Eltern während der Schwangerschaft von dem Kind machen. Das ist ganz normal und dient der Beziehungsentwicklung zwischen Eltern und Kind. Die Eltern „wissen" oft schon, wenn das Kind noch im Mutterleib ist, dass es mal ein berühmter Dirigent werden wird, denn es klopft immer gegen die Gallenblasengegend, wenn sie Musik machen usw.

Ist es aber wirkliche Zuwendung oder Vertragserfüllung, wenn man in seiner Vorstellung einen Menschen zwingt, quasi in eine Rüstung einzusteigen und damit ein militärisches Leben zu führen? Haben die Eltern nicht vielmehr die Pflicht, dem Kind dazu zu verhelfen, dass es seine ganz persönlichen und einzigartigen Anlagen zur Entfaltung bringen kann – also der zu werden, der es ist? Dann können die Eltern also in Wirklichkeit nur abwarten und staunen, was sich da als neues Leben offenbart und entwickelt. Weiterführend sei hier das leider lange vergriffene Buch von Hans Müller-Eckhardt „Erziehen ohne Zwang" empfohlen.

Gegensätzliche Aufgaben von Eltern und Kindern

Wenn Menschen zu Eltern werden, übernehmen sie damit nicht nur Aufgaben und Pflichten. Diese Anforderungen beginnen mit der Zeugung, haben ihr größtes Ausmaß nach der Geburt, nehmen dann mit zunehmendem Erwachsenwerden des Kindes ab und enden, wenn das Kind schließlich und hoffentlich erwachsen geworden ist.

Die menschliche Entwicklung ist so eingerichtet, dass der Weg zum selbständigen Erwachsenen zunächst intrauterin beginnt. Im Mutterleib wächst aus der einen neuen Zelle mit eigenem unverwechselbarem Chromosomensatz das Kind in ziemlicher Unabhängigkeit, Selbständigkeit und Freiheit heran. Bei der Geburt dann ist es so weit entwickelt, dass es außerhalb der Gebärmutter überleben kann. Doch der neue Mensch ist jetzt noch keineswegs selbständig, sondern er ist jetzt in eine Phase völliger Hilflosigkeit und Unselbständigkeit eingetreten, in der er auf die Liebe und die Hilfe seiner Umgebung überlebensnotwendig angewiesen ist. Seine Entwicklung aus dieser neuen, vollständigen Abhängigkeit von der Umgebung hin zu einem selbständigen, selbstverantwortlichen Dasein vollzieht sich nun schrittweise über 2 Jahrzehnte, bis aus dem Teenie ein Erwachsener geworden ist. Dann haben die elterlichen und die kindlichen Funktionen ausgedient und fallen weg. Die Älteren sind jetzt keine „Eltern" mehr und die Jüngeren sind keine „Kinder" mehr, sondern stehen sich als Erwachsene ebenbürtig gegenüber.

Das ist natürlich keine Umschaltung, die an einem Stichtag erfolgt, z.B. mit Vollendung des 18. Lebensjahres, sondern ein sich langsam vollziehender Prozess, der mit dem Verlassen des „Nestes" und ggf. der Gründung einer neuen Familie endet. Dieser letzte Schritt ist oft schmerzlich und schwer, denn er erfordert von beiden Seiten, die Beziehung zueinander neu zu definieren und auf bisher Gewohntes zu verzichten. Es ist leicht nachvollziehbar, dass der Schritt des Lösens manchmal lange herausgezögert wird, mal mehr von Seiten der Eltern, mal mehr von Seiten des ehemaligen Kindes und sich im Extremfall zu der Situation des „Hotel Mamma" entwickelt.

Welches sind nun die Aufgaben und Pflichten beider Seiten? Wenn Menschen Eltern werden wollen, so haben sie zunächst die Aufgabe, das dafür erforderliche „Nest" zu bauen und die notwendigen Mittel zusammenzusammeln, um dem neuen Menschen einen möglichst sicheren Rahmen für sein Aufwachsen bieten zu können. Mit der Zeugung übernehmen sie dann die Pflicht, für die Gesundheit, für eine gesunde Ernährung und Verhaltensweise der Mutter zu sorgen, damit die Zeit im Mutterleib möglichst optimal ablaufen kann. Ab der Geburt haben sie die Aufgabe, die äußeren Rahmenbedingungen stabil zu halten, und die Pflicht, dem Kind die für sein Überleben und seine Weiterentwicklung notwendige Liebe und Zuwendung zu geben. Ihre Aufgabe lautet also, alles möglichst stabil zu erhalten und vor Zerlegung zu bewahren und möglichst noch Weiteres zur Stabilität und Verlässlichkeit hinzuzufügen.

Demgegenüber hat das Kind die ganze Zeit zum einen die Aufgabe, sich zu einem Erwachsenen hin zu entwickeln und die dafür erforderlichen Mittel aus seiner Umgebung, also zunächst dem Mutterleib und später dem Elternhaus, herauszuziehen und für den eigenen Aufbau zu nutzen. Zum anderen muss es für die spätere Eigenständigkeit seine eigenen Gegebenheiten und die der Welt kennenlernen und sich damit so intensiv wie möglich vertraut machen. Doch wie geht ein solches „vertraut machen"?
Glücklicherweise ist der kleine Mensch mit einem großen Maß an Neugier ausgestattet. Er möchte das, was er mit seinen Sinnen erfasst, also wahrnimmt über Riechen, Schmecken, Hören, Fühlen und Sehen, kennenlernen. Sie kennen das sicher, dass Babys alles in den Mund nehmen wollen. Das ist so etwas wie erforschen. Und Forscher zerlegen die Dinge so lange, bis sie ins kleinste Detail mit ihnen und ihren Funktionen vertraut sind. Man denke beispielsweise an die Erforschung des Menschen bis auf die atomare Ebene hin. Sich bekannt und vertraut machen erfolgt über Zerlegen, Auseinandernehmen, hinter die Kulissen oder Tapeten schauen, erforschen, wie Geräte funktionieren und was in den Dingen, z.B. den Puppen oder den Stofftieren, drinnensteckt usw.

Das Kind, kaum dass es auf der Welt ist, muss damit sofort beginnen, sich mit der ihm noch gänzlich unvertrauten Welt bekannt zu machen. Sonst kann es nicht überleben. Das beginnt mit Wahrnehmen von Empfindungen und Reizen. Es geht weiter mit dem Bewerten der Wahrnehmungen und damit mit ersten Erfahrungen. Der Gesichtsausdruck oder die Stimme der Mutter, so lernt es schnell, hat eine Bedeutung im Hinblick auf das, was mit ihm dabei passiert. Später kommt dann das Erkunden und Sich-vertraut-Machen mit den Gegebenheiten der Umwelt hinzu. Alles zusammen mündet im Sammeln von Erfahrungen und Schlussfolgerungen ziehen, die dann als Richtschnur für das weitere Leben genommen werden. Eine weitere Aufgabe für das Kind ist, so viel es ihm möglich ist, aufzunehmen, aber auch zu lernen, sich dabei nicht zu übernehmen und wo seine Grenzen liegen. Dem gegenüber haben die Eltern die Aufgabe, das Kind ausreichend zu „füttern" und seine Neugier zu unterstützen ohne es jedoch zu überfüttern, nicht nur mit Essen oder mit Geschenken, sondern auch mit Lernreizen oder - Leistungsanforderungen. Eltern sind unter anderem, wie Jesper Juul es formuliert, „Sparringspartner" der Kinder, d.h., sie sollen maximalen Widerstand bieten bei gleichzeitig minimalem Schaden.

Zusammenfassend gesagt: Die Aufgabe der Eltern ist sowohl zusammenführen und zusammenhalten wie auch Material und Reize für die kindliche Entwicklung zu geben. Die Aufgabe des Kindes ist dagegen, sowohl auseinandernehmen und erforschen wie auch aufnehmen und verwerten. Diese Aufgaben stehen sich polar gegenüber, weswegen Erwachsene manchmal fälschlich denken, dass sich das Kind zerstörerisch und nicht aufbauend verhält, wenn es doch nur seinen Aufgaben nachkommt und sich der Welt bemächtigt.

Die Welt ist nicht stabil:
Raum-und-Zeit-Veränderungen
In der Zeit des Heranwachsens verändern sich laufend die Körpermaße des Menschen und damit einhergehend verändert sich auch ständig die Sicht auf die Welt und ebenso die

Wahrnehmungen und das Erleben. Das kann man sich verständlich machen, wenn man sich beispielsweise einmal vorstellt, man ist 70 cm groß und befände sich in einem Raum mit 500 cm Länge x 400 cm Breite, also von 20 qm. Dann hat der Raum eine Länge, die 7 x ihrer Körperlänge entspricht. Und jetzt stellen Sie sich vor, Sie sind 170 cm groß geworden. Dann ist der Raum jetzt nur etwa 3 x so lang wie Sie groß sind. Er erscheint Ihnen folglich nur noch halb so groß. Aus einer vormals z.B. 12-Schritte-Welt ist jetzt eine 6-Schritte-Welt geworden. Das kennen wir, wenn wir Stätten unserer Kindheit wieder aufsuchen und verblüfft feststellen, wie viel kleiner doch alles ist, als wir es in der Erinnerung haben. Unsere Gefühle jedoch, die wir damals in unserer Kindheit an diesem Ort gehabt haben, sind nicht gleichermaßen wie der Raum geschrumpft, sondern sind gleich geblieben. Das bedeutet, dass wir mit nun 170 cm Körperlänge die Empfindungen verdoppelt haben und sie doppelt so stark empfinden wie damals in der „70 cm Welt".

So kann es passieren, wenn wir in der „70 cm Welt" in einem Raum schlechte Erfahrungen gemacht haben, wir in diesem Raum später als Erwachsener ein Unbehagen, ein Unwohlsein empfinden und nicht loswerden, obwohl die Verhältnisse sich gewaltig verändert haben. Das kann jeder merken, wenn er einmal seine alte Schule oder andere Stätten seiner Kindheit aufsucht. Hat man die enormen Wachstumsschritte bis hin zum Ende der Pubertät hinter sich gelassen, fällt es allerdings sehr schwer, sich wieder in diese Erlebenswelten des Kindes zurückzuversetzen und zu verstehen, was in dem kleinen Menschen wohl abgelaufen sein mag. Ähnliches gilt für das Erleben der eigenen Körperkräfte. Es gilt auch für das Erleben von anderen Sinneswahrnehmungen wie z.B. das Riechen. Ist die Nase in 70 cm Höhe, riecht die Luft anders als z.B. in 170 cm Höhe usw.

Ein weiteres wichtiges Thema ist das Schrumpfen von Zeit. Kam uns beispielsweise in der Kindheit ein Jahr unendlich lange vor, so haben wir im Alter den Eindruck, als vergehe die Zeit im Fluge. Dieses Phänomen weist darauf hin, dass sich mit dem Älterwerden unser Zeitempfinden verändert. U. Derbolowsky hatte auf Kongressen für Psychotherapie immer wieder auf dieses Thema hingewiesen:
„Im Gegensatz zum vereinbarten Begriff uniformer und objektiver Zeitbestimmung ist die subjektiv wirkliche Zeit eine Relation zwischen Vorgängen und der individuellen Länge gelebten Lebens. Die Dauer des ersten zurückgelegten Lebenstages ist gleich der Dauer, die sein ganzes bis dahin gelebtes Leben gedauert hat. Die Dauer des zweiten zurückgelegten Lebenstages ist gleich der Hälfte seines gelebten Lebens. Der 3. Tag wird als Lebensdrittel gelebt usw. Daraus ist zu folgern, dass die Einwirkungsdauer sämtlicher Ereignisse in den 1. Lebensstunden bis Lebensjahren, relational gesehen, außerordentlich viel länger ist als im späteren Leben, obgleich eine gleich lange objektive Zeitspanne vorliegt."

Zur Verdeutlichung dieses Sachverhaltes brachte er folgendes Beispiel: Eine 25-jährige Mutter lässt ihr 5-jähriges Kind einen halben Tag lang allein, selbstverständlich wohlbehütet. Das Kind fragt nun, als die Mutter mittags fortgeht: „Wann kommst du wieder?" Die Mutter antwortet: „Heute Abend. Das ist ja bald." Das Kind jedoch jammert: „Oh, dann bist du ja so lange fort!", was die Mutter nicht sofort nachempfindet. Tatsächlich ist jedoch die für das Zeitgefühl äquivalente Spanne, die hier einem halben Tag eines 5-Jährigen entspricht, auf einen 25-jährigen Erwachsenen übertragen, fünf Mal so lang. Wollte die Mutter die Trennungsvorstellung und die Gefühle des Kindes nachempfinden, so müsste sie sich den Zeitraum von 2,5 Tagen vorstellen. Wäre die Erwachsene 50 Jahre alt, dann wären es 5 Tage. Ein 75-Jähriger müsste sich sogar eine Trennungsdauer von über einer Woche vorstellen! Das ist vergleichbar mit der Veränderung der Größenverhältnisse. Diese Gegebenheiten müssen mit berücksichtigt werden, wenn Traumata aus dem Kindesalter therapeutisch aufgearbeitet werden sollen. Eine nicht ganz leichte Aufgabe!, wie es Udo Derbolowsky in seinem Buch „Krankheit, Kränkung und Heilung" aufzeigt. Nebenbei wird es verständlich, dass das Leben aus Sicht älterer Menschen als immer schneller vorbeigehend empfunden wird und umso kürzer erscheint, je mehr es sich dem Ende nähert, auch wenn es objektiv vielleicht eine lange Zeitspanne ist. Ein Thema, das zu den Schwierigkeiten in der Verständigung und im Umgang von „Groß und Klein" viel beiträgt.

Eine weitere Auswirkung ist, dass z.B. die Sorgen der kleinen Kinder aus Sicht der Großen leicht als ebenso klein im Vergleich zu ihren eigenen „großen" Sorgen und Kümmernissen gesehen werden und das Verhalten dementsprechend von den Kindern als nicht angemessen erlebt wird. Überraschenderweise haben dennoch viele „Große" das Gefühl, dass die „Kleinen" übermächtig sind und sie sich dagegen mühsam behaupten müssen. So hat jemand gesagt, dass „Erziehung der verzweifelte Abwehrkampf der Erwachsenen gegen die Vitalität und den „bedrohlichen" Tatendrang der Kinder sei".
Für das gegenseitige Verständnis ist es sehr hilfreich, sich auch als Erwachsener gelegentlich in die Verhältnisse des Kindes zu versetzen, um die Bedeutung des eigenen Handelns, aber auch der umgebenden Welt für das Kind zu ermessen.

Motivation und Lernen
Das Kind hat, wie wir gesehen haben, die Aufgabe, zu lernen, und der Erwachsene die Aufgabe, sein Wissen und seine Erfahrungen zu vermitteln. Doch wie geht das und wie steht es

mit der Motivation dazu? Das Kind ist von Natur aus mit Neugier und Forscherdrang ausgestattet. Ohne diese Grundausstattung „Neugier", also wenn es sich vor Neuem verschließen würde, müsste es sterben. Man kann daher auch sagen, Neugier ist eine spezielle Form von Liebe, nämlich der Liebe zu Neuem und zu dem, was es einem bieten kann. So geht das Kind neugierig zu auf alles, was ihn umgibt. Dann macht es so seine Erfahrungen. Umso mehr, je mehr ihn die ihn umgebenden Menschen unterstützen und fördern und auf seine Fähigkeiten vertrauen. Diesem „Liebesdrang" steht bremsend die Unsicherheit bezüglich der eigenen Fähigkeiten und der eigenen Macht sowie das noch fehlende Vertrautsein gegenüber.

Das Kind also möchte lernen und ist grundsätzlich stark motiviert, erlebt es dadurch doch Zugewinn durch Vergrößerung seiner Welt und seines Erfahrungsschatzes. Es kommt also vor allem darauf an, diesen vorhandenen, natürlichen und überlebensnotwendigen Trieb nicht zu behindern, sondern zu unterstützen. Dabei haben die Erwachsenen nur darauf zu achten, dass sich ein Wildwuchs in sozialen erträglichen Grenzen hält. Kinder freuen sich beispielsweise auf den Schulanfang und gehen grundsätzlich gern in die Schule. Da kommt es dann darauf an, dass diese vorhandene Motivation erhalten bleibt. Für die Gegenüber des Kindes, die Erwachsenen, ist das keine einfache Sache. Und wie steht es mit ihrer Motivation? Natürlicherweise müssen Eltern und Erzieher ebenso grundsätzlich motiviert sein zu lehren. Der nachfolgenden Generation sollen die bereits gemachten Erfahrungen erspart bleiben, sie sollen es einmal besser haben als wir. Und dafür haben wir den Drang, unser Wissen und unsere Erfahrungen weiterzugeben. Warum würde man sonst z.B. ein Buch wie dieses schreiben?

Für die Motivation bedeutet das einerseits, die Neugier der Kinder stets am Brennen zu halten und nur Wildwuchs einzugrenzen, und andererseits, den eigenen missionarischen Drang zur Belehrung, zur Besserwisser- und Besserkönnerei zu zügeln und dennoch die notwendigen Informationen zu geben und sicheren Halt zu bieten.
Eine Möglichkeit, die Motivation zu fördern, ist das Vorbild. Kinder lernen besonders gut, wenn sie Vorbilder haben, die in ihnen Lust wecken zum Nachmachen, zum Nachahmen, zum ein Stück weit auch so werden wie das Vorbild. Also gilt es, Kindern nicht nur Informationen zu geben, sondern das Angestrebte selbst lustvoll vorzuleben.

Leider lernen Kinder nicht so wie Erwachsene meinen, dass Schüler lernen sollten, sondern stattdessen wie Forscher! Sie wollen selbst herausfinden und erforschen unter Inkaufnahme von Fehlversuchen und Zahlungen von Lehrgeld. Das entspricht jedoch nicht den Vorstellungen der Erwachsenen. Wir hätten gern, dass unsere Erfahrungen genutzt und unsere Belehrungen angenommen und schlechte Erfahrungen vermieden werden. Doch wir stellen fest, dass unsere Warnungen in den Wind geschlagen werden, dass spätestens mit Eintritt in die Pubertät nicht unser Wissen gefragt ist, sondern das eigene Denken und die eigene Erfahrung. Also müsste unsere Motivation im Lehren, aber nicht im Belehren ihren Ursprung nehmen, damit sie nicht rasch erliegt. „Wozu sage ich das eigentlich? Er oder Sie macht doch sowieso, was es will!", sind dann resignierende Aussagen. Es ist eben so, wie eine alte Volksweisheit sagt: Jeder will lernen, aber keiner lässt sich gern belehren.

Weitere Fragen zum Überdenken sind:
Wer erzieht eigentlich wen? Können Erwachsene von Kindern lernen?

Tatsächlich erleben wir, wie uns unsere Kinder gern über die Hürden jagen, die wir selbst aufgebaut haben. Oder sie messen uns daran, wie authentisch wir sind, will heißen, ob wir uns selbst an die Regeln halten, die wir ihnen predigen. Ein Beispiel ist die Einhaltung von Regeln für Tischmanieren. Das gilt in gleicher Weise für Lehrer. Das wirklich Schwierige ist das Vorbildsein und noch dazu mit Freude und Lust und darüber hinaus außerdem mit eigenem Versagen gnädig umzugehen. Oder wie soll das ideale Kind eigentlich sein? Da gibt es ganz widersprüchliche Ansichten. Einerseits soll es das lernen wollen, was ich für sinnvoll halte, soll es folgsam und angepasst sein und meine lichtvollen Ausführungen nicht mit unpassenden Anmerkungen stören oder gar in Frage stellen, soll wertschätzen, was es durch mich hat und bekommt usw. Andererseits soll es selbstverständlich eine eigene Meinung entwickeln und diese selbstbewusst vertreten, sich nicht alles gefallen lassen und nicht zu angepasst, sondern eigenständig sein usw. Die Vorstellungen und Argumente stehen sich polar und unvereinbar gegenüber. Der richtige Weg scheint dazwischen irgendwo in der Mitte zu liegen. Die Problematik zeigt sich in der Schulnote für Betragen, die ein sehr angepasstes Verhalten mit „sehr gut" und ein zu sehr eigenständiges mit der Note „mangelhaft" bewertet.

Wunschbilder und die eigene Meinung
Menschen haben Wunschbilder. Damit sind innere Vorstellungen gemeint, die enthalten, wohin sich ihr Leben und das ihrer Mitwelt entwickeln soll, sogenannte Zielvorstellungen. Einige davon sind uns bewusst, andere eher nicht. Wirksam sind sie jedoch immer. Wir richten unser Handeln wiederum bewusst oder unbewusst nach ihnen aus. Auch Eltern haben Wunschvorstellungen in Bezug auf ihre Kinder. Schon bei dem Wunsch nach Kindern steht ein Wunschbild dahinter,

wie sie einmal sein werden. Das motiviert, die Mühen der Schwangerschaft und dann der Begleitung des Heranwachsens in Kauf zu nehmen und auszuhalten. Das ist also ganz normal und sogar notwendig. Entwickelt sich das Kind nach dem Wunschbild der jeweiligen Eltern, Erzieher und Pädagogen, dann gäbe es keine Konflikte. Da aber in jedem Menschen ein eigenes Wunschbild vorhanden ist verbunden mit dem Auftrag: „Werde der, der du wirklich bist!", sind Konflikte nicht zu umgehen. Auch in Eltern selbst schlummert ein Konflikt. Denn es ist ein Teil ihres Wunschbildes, dass ihre Kinder einen eigenen ihnen gemäßen Weg gehen sollen, dass sie sich ihre Einzigartigkeit erhalten und angemessen vertreten.

Es gilt daher, dass man zwar Wunschbilder bezüglich anderer Menschen und insbesondere der Kinder hat und haben muss und gleichzeitig mit Staunen offen ist für die Anlagen, die Eigenschaften und Talente der anvertrauten Kinder und diese ungeachtet der eigenen Vorstellung wertschätzt und fördert. Hans Müller-Eckard hat sich in seinem leider vergriffenen Buch „Erziehen ohne Zwang – eine Kritik der Wunschbildpädagogik" dieser Problematik ausführlich angenommen. Er hat gezeigt, dass diese Achtung vor dem Kind und seinen Fähigkeiten und individuellen Lebensaufgaben nicht Selbstaufgabe der Eltern bedeutet in dem Sinne, dass ihm keine Regeln gegeben und deren Einhaltung nicht überwacht werden. Erwachsener geworden sagen viele Kinder später oft selbst: „Man hätte uns früh Regeln geben müssen, am Anfang. Das hätte uns Stabilität gegeben durch die Verlässlichkeit, die auch die Grundlage von Vertrauen ist."

Woran liegt es, dass der Mensch grundsätzlich die Tendenz hat, andere Menschen nach seinem Bilde gestalten zu wollen? Ein Zugang zur Antwort ist das Bewusstsein von der Tatsache, dass jeder Mensch von seiner eigenen Meinung und Ansicht die höchste Meinung hat. Das ist auch gut so und muss so sein. Denn wie könnten wir handeln und unser Leben führen, wenn wir nicht von unserer eigenen Meinung überzeugt wären? Unsere eigene Meinung ist als Ergebnis vieler Erfahrungen die Richtschnur für unser Handeln. Es ist davon auszugehen, dass jeder Mensch zu jedem Zeitpunkt das aus seiner Sicht Bestmögliche für sich tut. Die Hintergründe und Zusammenhänge, aus denen er sich seine Meinung gebildet hat, sind den anderen oft nicht bekannt und dem Betroffenen nicht unbedingt bewusst. Das heißt, ein jeder Mensch lebt auf dem Fundament seiner eigenen Erfahrungen und Deutungen, sei es ihm bewusst oder unbewusst, und richtet sein Handeln danach aus. Diese kann er natürlich jederzeit ändern, wenn es neue Erfahrungen gibt.

Da jeder von seiner eigenen Meinung die höchste Meinung hat, ist es nur folgerichtig, dass er die Meinung anderer geringer schätzt als seine eigene. Es sei denn, dass er sie als eine Verbesserung seiner bisherigen Meinung ansieht und sie sich zu einer neuen eigenen macht. Wenn jemand nun einen anderen Menschen wertschätzt und mag, dann ist es wiederum nur natürlich, dass er ihn zu dem Besten führen will. Und das ist selbstverständlich das Verhalten und Denken, das er für richtig hält. Dass der andere von seiner eigenen Meinung auch die höchste Meinung hat, ist da wirklich ärgerlich. So kommt es häufig zu Auseinandersetzungen darüber, wessen Meinung die richtige ist. Schlimmstenfalls wird, d.h., es wird gewaltsam versucht, die eigene Meinung dem anderen überzustülpen. Bedenken Sie einmal, dass Kinder nicht die gleiche Vorstellung von Erfolg und Lebenszielen haben, und auch nicht wirklich haben können, wie ihre Eltern und Erzieher. Und wie schwer es für Eltern ist, zusehen zu müssen, wie die Kinder aus ihrer Sicht ihr Leben nicht richtig nutzen oder gar mehr oder weniger wegwerfen.

Die Lösung besteht darin zu lernen, dass die Richtigkeit der eigenen Meinung nur gilt in Bezug auf sich selbst, aber für keinen anderen Menschen stimmt, und darauf zu vertrauen, dass jeder andere nach seiner eigenen Meinung für sich bestmöglich lebt. Wir haben nicht die Aufgabe, den anderen Menschen zu verändern. Aber wir können durch eigenes Vorleben vielleicht erreichen, dass der andere uns zum Vorbild für sich nimmt und sich selbst in die Richtung ändert – allerdings passend zu seinen eigenen Vorgaben.
Man kann das auch Toleranz nennen. Simone de Beauvoir hat dazu gesagt: „Toleranz erwirbt man, indem man versucht, Menschen zu verstehen, die einem nicht liegen, die man nicht mag."

Kinder wollen von „Erfahreneren" lernen und haben viel Vertrauen in deren Fähigkeiten. Im Gegensatz dazu haben „Erwachsene" viel weniger Vertrauen in die Fähigkeiten der Heranwachsenden, was nicht wirklich zu begründen ist. Ein Ansatzpunkt für richtiges Verhalten ist, sich zu fragen, wieso das Kind sein Vorgehen für das bestmögliche hält? Welchen Kontext hat es dahinter, also aus welchem Blickwinkel und Standpunkt macht das Verhalten des Kindes Sinn? Wie ist es dazu gekommen? Liegen Fehlinformationen oder Verhaltensweisen von Vorbildern zugrunde oder sehen gar wir Erwachsenen das falsch? Wenn hier mehr Verständnis und Durchblick entsteht, bin ich überzeugt, dass frühkindliche Fehlinformationen vom Kind und auch vom inzwischen Erwachsengewordenen selbst mit oder oft auch ohne fachkundige Unterstützung korrigiert werden können.

Fazit: In dieser Polarität gilt es wie immer, eine ausgewogene Balance zu finden, die sowohl den Aufgaben und Nöten der Kinder zum Heranwachsen wie denen der Erwachsenen zum Überleben Rechnung trägt. Um dieses schwierige Unterfangen zu bewältigen, bedarf es eines guten Informationsstands der Beteiligten, wozu dieses Buch beitragen möchte.

– Fragt man sich, was man insgesamt vielleicht anders machen kann und auch was man erfreulicherweise wegfallen lassen kann im Miteinander, um diese Schwierigkeiten leichter zu meistern, so fallen mir zwei hilfreiche Kernsätze ein. –

Zwei Kernsätze zur Erleichterung des Miteinander

Der erste Kernsatz lautet:
„Gib nie mehr, nie besser, nie öfter, als du ausdrücklich gebeten wirst!"
Es ist sehr eindrucksvoll, wenn man sieht, was für eine Schwemme herrscht, wie die meisten Kinderzimmer überflutet sind mit vom Kind nicht gewünschten Spielzeug. Das hängt unter anderem mit der oben erwähnten „Kleidung" zusammen, also den Vorstellungen, die die Erwachsenen bezüglich des Kindes und seiner Zukunft haben. Hinzu kommt, dass es nicht nur für die Paten und Eltern, sondern auch für alle anderen üblich ist, bei vielerlei Anlässen, nicht nur dem Geburtstag oder Weihnachten, dem Kind ein Geschenk mitzubringen, z.B. auch, wenn der Anlass sich gar nicht auf das Kind bezieht wie beispielsweise der Geburtstag des Vaters oder ein Besuch bei den Eltern. In dieser Fülle kann sich das Kind der Dinge gar nicht in Ruhe bemächtigen! Und auch keine Freude empfinden, sondern eher Bedrohung! Das ist vergleichbar mit einem schon überreichen Essen, bei dem das Kind sich bereits überfüttert fühlt und dann noch obendrauf ein Löffelchen für Opa und noch ein Löffelchen für Oma und schließlich noch eines für Tante Amalie verpasst bekommt. Da kann das Kind doch nur noch prusten und, wenn es noch einigermaßen gesund ist, macht es das so, dass die Mutter nach dem Füttern ihre Garderobe waschen muss.

Der zweite Kernsatz lautet:
„Richte dich nicht nach artikulierten Maximen, sondern überlasse dem Kind, möglichst bei allem, was es tut, sich zu entscheiden. Habe Vertrauen und sei überzeugt, dass es die Fähigkeit dazu hat und diese weiterentwickelt."

Sage also nie „Nimm nicht das Messer, dann wirst du dich schneiden", „Spiele nicht mit dem Feuer, sonst brennt womöglich das ganze Haus ab" usw. Denn damit sagen Sie dem Kind im Vorhinein etwas voraus, ohne dabei zu bedenken, dass Ihre Vorhersage auch falsch sein kann und zudem suggestiven Charakter hat im Sinne einer sich dann später selbst erfüllenden Prophezeiung. „Wenn du das Messer nimmst, wirst du dich schneiden", „Wenn du an den Ofen fasst, wirst du dich brennen".

Es geht nicht allein darum, dass das Kind denkt, die Eltern sind allwissend, sondern dass ihre Aussagen festgeschrieben und wahr sind.
Wie wäre es stattdessen richtig? Man könnte z.B. sagen: „Das ist ein Messer, damit kann man sich schneiden. Wenn du gut achtgibst und gut aufpasst, dann wird dir das nicht passieren. Vielleicht siehst du dir das erst einmal an, wie ich das mache", und macht ihm diese Dinge vor. Wenn das Kind beispielsweise an den Herd fassen will, sagt man ihm nicht: „Da fasst man nicht an, das ist heiß, da brennt man sich". Denn das Kind will aber da anfassen. Korrekt ist, ihm zu sagen, dass sein Vorhaben gefährlich ist, dass ein Herd sehr heiß sein kann, aber dass es das selbst ausprobieren kann. Dann wird das Kind, genau wie schon im Beispiel mit den Bauklötzchen erwähnt, vorsichtig an den Herd herangehen, die zunehmende Hitze bemerken und nicht im Entferntesten

daran denken, den Herd zu berühren. Wenn aber die Eltern gesagt haben, dies und jenes wird eintreten, dann ist verständlicherweise der Drang sehr groß, denen zu beweisen, dass man schon groß ist und das doch tun kann, ohne dass das von den Eltern Behauptete eintritt und erst recht anfassen. Die Folge sind dann selbstbeschädigende Trotzhandlungen und Haltungen beim Kind, die vermieden werden, wenn allein dieser Kernsatz beachtet wird.
Das ist nicht so einfach, wie es vielleicht klingen mag. Insbesondere wenn man bedenkt, wie schwierig es ist, Vertrauen und Geduld in die kindliche Vorsicht zu haben. Umgekehrt scheint es einfacher: Kinder haben viel mehr Vertrauen in ihre Eltern als umgekehrt!

Vielleicht denken Sie noch, dass es einfacher wäre, sich an den ersten Kernsatz zu halten, der für das eigene Verhalten sich selbst gegenüber beinhaltet: „Nimm nie mehr Gaben/Geschenke an, als du ausdrücklich gewünscht und erbeten hast!" und gegenüber dem anderen: „Gib nie öfter, nie besser und nie mehr, als ausdrücklich von dir erbeten wurde!". Aber es ist schwierig, sich an diesen ersten Kernsatz zu halten und ihn in seinem Alltag umzusetzen. Warten Sie mal Ihren nächsten Geburtstag ab und sagen Sie dann bei all den Sachen, die die Leute Ihnen mitbringen, angefangen mit Blumen oder Pralinen oder Rotwein, nimm es wieder mit nach Hause, denn ich habe dich nicht darum gebeten und habe im Augenblick auch gar keinen Bedarf dafür. Wenn du willst, können wir die Blumen so lange ins Wasser stellen, bis du dann gehst und sie wieder mitnimmst. Machen Sie das mal.

– Mit der folgenden Fallbeschreibung aus der Praxis von Udo Derbolowsky werden einige unterschiedliche Aspekte von Lösungen beleuchtet. Es wird beispielhaft der Verlauf einer Behandlung beschrieben, bis es zu den notwendigen Veränderungen kommen kann. Zwischendurch werden die Hintergründe und Zusammenhänge erörtert, die dann in den Behandlungsstunden in Lehrgeschichten und Gesprächen umgesetzt werden. Sehr deutlich wird gezeigt, wie sehr kindliches und elterliches Verhalten miteinander verwoben sind und wie in diesem Fall das Kind zum Symptomträger der Problematik von Eltern oder Elternteilen wird. Es wurde als Problem ein Fall mit einer Essstörung gewählt, weil viele Essstörungen Heranwachsender, aber auch Erwachsener ihren Ursprung in Erlebnissen der frühen Kindheit haben. –

Fall: Ein Kind mit einer Essstörung

Eine Fallbeschreibung im Verlauf: „Unser Kind, die Amelie, isst nicht!"
Es war eine junge Frau, die zu mir in die Sprechstunde kam. Sie ist 32 Jahre alt, verheiratet und hat eine kleine Tochter, die Amelie. Sie ist jetzt 2 Jahre alt und das einzige Kind dieser Frau. Sie sucht mich auf, weil sie mit Amelie Kummer hat. Denn Amelie mag nicht essen. Jeden Morgen, jeden Mittag und jeden Abend ist es dieselbe Geschichte. Die Mutter füttert das Kind, Löffelchen für Löffelchen, und Amelie schiebt das Essen von einer Backentasche in die andere und schluckt es einfach nicht.

Das ist keine ganz seltene Störung und Amelie ist nicht das erste Kind, das mir deswegen von den Eltern geschildert wird. Ich bin auch nicht der erste Arzt, den Amelies Mutter aufsucht. Sie war zuvor schon beim Kinderarzt und einigen Spezialisten gewesen. Das ist für mich wichtig zu wissen. Ich habe sie gleich danach gefragt. Erfreulicherweise ist dabei herausgekommen, dass die kleine Amelie körperlich nicht krank ist. Man hört das häufig, dass in solchen Fällen festgestellt wurde, dass das Kind eigentlich ganz gesund sei. Sie habe nichts am Magen, nichts am Darm und die Verdauung würde ganz normal funktionieren. Kurzum, sie könnte eigentlich essen und alles gut verdauen, aber sie schluckt es eben nicht herunter. Also Amelie ist eigentlich nicht krank, wie man so sagt. Aber wer wollte behaupten, dass das Kind gesund ist. Irgendetwas stimmt da nicht. Meine Aufgabe als Psychotherapeut besteht nun darin, dass ich mich frage, was möglicherweise in dieser kleinen Welt oder besser gesagt in der Welt der kleinen Amelie gestört ist. Was ist da nicht in Ordnung? Wie kommt das eigentlich, dass ein Kind nicht runterschlucken mag?

Um mir zunächst ein Bild zu machen von der Welt, in der dieses Kind lebt, schaue ich mir die Mutter an, die allein zu mir gekommen ist. Ich hatte ihr einen bequemen Sessel mit zwei Armlehnen angeboten. Sie hatte aber ihren Mantel anbehalten und sich zaghaft nur auf die vordere Kante dieses Sessels gesetzt. Die Armlehnen scheinen sie eher zu behindern und sie streicht nervös mit den Händen über ihre Knie. Sie blickt, auch während sie spricht, meist auf den Boden. Vielleicht hilft es uns, wenn wir uns nun gemeinsam anhören, was sie geantwortet hatte, als ich sie fragte, weshalb sie überhaupt zu mir gekommen ist. Ich denke, dass wir schon dadurch ein Bild von der Welt der Amelie erhalten, wenn wir aus dem, wie die Mutter auf die Frage reagiert, erfahren, ob sie eine selbstbewusste Frau ist, oder aber wie das wirklich um sie selbst und die kleine Amelie bestellt sein mag.
„Weshalb sind Sie nun zu mir gekommen?", frage ich sie also.
„Die Frau von einem Kollegen meines Mannes hat ihm erzählt, dass Sie auch Essstörungen behandeln, und vorge-

schlagen, dass er Sie vielleicht mal aufsuchen solle wegen der Amelie und ihrem ‚Essen'. Nun hat mich mein Mann gleich hergeschickt und ich wollte auch nur erst einmal fragen, ob ich hier überhaupt richtig bin. Wissen Sie, was mein Mann mir aufgibt, das erledige ich natürlich gleich. Das Kind habe ich nicht mitgebracht, denn ich will doch erst mal nur fragen." Eine ganz bescheidene Frau. Sie ist, während sie spricht, vorn auf der Stuhlkante sitzen geblieben und wirkt verzagt und schüchtern. Dabei lächle ich ihr freundlich zu und ermuntere sie zum Sprechen, aber sie schaut mich nicht an. Ich bekomme das Gefühl, sie erwartet, dass irgendetwas mit ihr geschehen könnte.

Das ist mein erster Eindruck von der Welt, in der Amelie lebt. Denn diese Frau, die sich mir gegenüber jetzt so verhält, wird zu Hause auch nicht viel anders sein. Sie lebt da zwar in einer Umgebung, an die sie gewöhnt ist, aber grundsätzlich haben wir es hier mit einer Frau zu tun, die selbstunsicher und übermäßig bescheiden ist. Offenbar versteht sie nicht ausreichend, wenn sie es überhaupt so wahrnimmt, ihren eigenen Standpunkt, ihre Rechte mit der nötigen Sicherheit und dem nötigen Nachdruck aus sich heraus zu behaupten. Vielleicht wird das noch deutlicher werden, wenn ich sie jetzt noch etwas von ihrem Alltag erzählen lasse. Das wird unser Bild noch anschaulicher machen.

„Erzählen Sie mir ein bisschen über Ihren Alltag", bitte ich sie.
„Ach", antwortet sie, „da gibt es nicht viel zu sagen. Ich bin den ganzen Tag auf den Beinen. Da muss der Mann und das Kind versorgt werden, das Mittagessen soll pünktlich auf den Tisch, die Wohnung soll sauber sein und auch die Wäsche muss gewaschen und gebügelt werden. In so einem Haushalt ist immer etwas, das ich unbedingt machen muss. Es soll ja

auch immer ordentlich aussehen, es kann ja mal meine Nachbarin oder meine Schwiegermutter vorbeikommen. Dann muss man auch noch Kaffee kochen und sich dazusetzen. Für meinen Mann muss ich auch immer viel erledigen. Ich schreibe seine Post und mache für ihn Besorgungen und Einkäufe. Mein Mann und ich, wir sind so glücklich verheiratet und ich erfülle ihm jeden Wunsch. Ich bemühe mich auch immer, wenn er nach Hause kommt, es ihm bequem zu machen und selbst frisch auszusehen. Er hat ja eine so schwere, anstrengende Arbeit bei der Stadtverwaltung. Er ist dort angestellt, wissen Sie. Er will es natürlich noch weiterbringen, deshalb nimmt er sich öfters noch Arbeit mit nach Haus, dann muss ich ihm dabei immer mithelfen. Das ist doch selbstverständlich, auch wenn ich abends immer müde bin. Aber er arbeitet ja auch viel mehr als ich und muss sich deshalb ausruhen, wenn er kommt. Na ja, ich weiß eigentlich gar nicht", sie hält kurz inne und fährt dann fort, „so viel habe ich auch wieder nicht zu tun, aber ich werde eben nicht fertig damit. Natürlich gibt es immer zu nähen und zu flicken, die Strümpfe, die Wäsche, alles geht kaputt. Wir können uns nicht so viel Neues leisten."

Der erste Eindruck bestätigt sich immer deutlicher. Sie erzählt von den Lasten ihres Alltags. Ich habe den Eindruck, dass es eine rechtschaffene Frau ist, die so viel zu tun hat, wie junge Mütter heutzutage tatsächlich leisten müssen, wenn sie keine Hilfe haben. Da muss gekocht und abgewaschen, geputzt und eingekauft werden. Wem geht es eigentlich anders? Fragen wir uns, woran es wohl liegt, dass wir dennoch beim Zuhören das Gefühl haben, dass da etwas nicht in Ordnung ist, nicht wirklich stimmt?

Amelies Mutter hat den ganzen Tag zu tun. Auf die Bitte, von ihrem Alltag zu erzählen, hören wir merkwürdigerweise kein

Wort, keine Andeutung von etwas Erfreulichem. Im Gegenteil, sie erweckt den Eindruck, dass die Lasten dieser Frau ihren ganzen Tag einnehmen und sie fast erdrücken. Besonders auffällig ist, dass sie von einem ganz Bestimmten nicht gesprochen hat, und zwar von dem Menschen, um dessentwillen sie mich aufgesucht hat und nun vor mir sitzt: von Amelie! Das sollte uns für das Verständnis des Problems und für mögliche Lösungen zu denken geben. Amelies Mutter hat überhaupt nicht von Amelie gesprochen! Stattdessen hatte sie gesagt:
„Ich muss den ganzen Tag auf den Beinen sein. Da muss der Mann und das Kind versorgt werden, das Mittagessen soll pünktlich auf den Tisch, die Wohnung soll sauber sein und auch die Wäsche muss gewaschen und gebügelt werden. … Es soll ja auch immer ordentlich aussehen, es kann ja mal jemand vorbeikommen. Dann muss man auch noch Kaffee kochen und sich dazusetzen. Für meinen Mann muss ich auch immer viel erledigen", und so weiter.

Die ganze Welt dieser Frau, Amelies Mutter, ist voll von lauter Pflichten und Aufgaben für andere und anderes. Sie sagt: „Da muss ich, da soll ich, da muss ich, da soll ich … dann wird Besuch kommen, dann muss ich Kaffee kochen." Für sich selbst gibt es anscheinend demgegenüber keine Rechte. Es kommt nicht vor, dass sie auch nur ansatzweise sagt: „Ich tue etwas für mich, ich bin für die anderen nicht da, ich habe für niemanden Zeit." Es kommt auch nicht vor, dass sie beispielsweise erzählt: „Mittags in der Zeit von 14.00 Uhr bis 14.30 Uhr, da bin ich für niemanden zu sprechen. Wenn da Besuch kommt, dann mache ich nicht auf und gehe auch nicht ans Telefon", sondern stattdessen: „Ich muss da, ich soll, da muss ich" usw.
In der Beschreibung ihres Alltags hatte sie dann hinzugefügt:

„Mein Mann und ich, wir sind so glücklich verheiratet und ich erfülle ihm jeden Wunsch. Ich bemühe mich auch immer, wenn er nach Hause kommt, es ihm bequem zu machen und für ihn frisch auszusehen. Er hat ja eine so schwere, anstrengende Arbeit als Angestellter bei der Stadtverwaltung. ... Und er arbeitet ja auch viel mehr als ich und muss sich deshalb ausruhen, wenn er kommt. Das ist doch selbstverständlich, dass er sich zu Hause schonen muss und ich die Arbeit mache, auch wenn ich müde bin ... Na ja, ich weiß eigentlich gar nicht ..., so viel habe ich nicht zu tun, aber ich werde eben nicht fertig. Natürlich gibt es zu nähen und zu flicken, die Strümpfe und die Wäsche, alles geht kaputt. Wir können uns ja auch nicht so viel Neues leisten."

Der Mann muss übrigens auch, so hat sie es gesagt: Er muss sich ausruhen, er muss sich etwas gönnen, er muss sich schonen. Das haben wir von ihr über sie selbst allerdings nicht gehört. Sie muss offenbar immer nur für die anderen. Das Bild der Welt, in der die kleine Amelie lebt, wird immer deutlicher. Eine Frau, die in einer Welt von Pflichten so eingespannt ist wie Amelies Mutter, wie kann die noch Zeit für das Kind selbst haben? Wie soll sie das eigentlich noch hinbekommen, über die notwendigsten Verrichtungen hinaus sich noch ausreichend mit Zuwendung, mit Zärtlichkeit und mit Zeit zum Spielen um das Kind zu kümmern? Das geht doch nicht. Wir können davon ausgehen, dass ein Mensch, der sich selbst nichts gönnt, der sich selbst keine Freude machen kann, der die kleinen Sonnenstrahlen des Alltags nicht bewusst genießen kann, dass ein solcher Mensch auch kaum imstande ist, überzuströmen auf das hin, was ihm sonst noch anvertraut sein mag, wie hier die kleine Amelie.

Da sitzt eine Frau vor mir, die über ihr Kind klagt und die den Eindruck hat, ihr Kind ist gestört und ich soll es behandeln.

Der Eindruck allerdings, den sie vermittelt, ist anders: Wenn in dieser kleinen Welt, in der Welt der kleinen Amelie, die wir noch gar nicht persönlich kennengelernt haben, etwas gestört ist, dann ist das in erster Linie diese Frau, die vor mir sitzt, Amelies Mutter. Sie, die eigentlich nur über eine Patientin berichtet, scheint als Erste einer Behandlung zu bedürfen, damit es der Amelie wieder schmecken kann. Es verhält sich hier so, wie es Jesper Juul in einem seiner Bücher beschreibt: Wenn die Eltern ein Problem haben, muss das Kind zum Therapeuten.

Die folgende Geschichte hat der Mutter zum Durchschauen dieser Problematik ein Stück weitergeholfen. Vor einiger Zeit hatte man sie mir erzählt.

Der wilde Reiter
Es war in Ostpreußen. In einem der ganz kalten Winter, oft unter minus 30° Celsius. In der Gegend gibt es ganz vereinzelt stehende Bauernhöfe, die so weit von den Poststellen entfernt sind, dass die Post diesen Höfen nur zweimal in der Woche zugestellt wurde. In dem Ort, in dem sich eine Poststelle befand, lebte nun ein Mann, der im Ort und in der Umgebung sehr beliebt war. Er galt als besonders freundlich, weil er, ein leidenschaftlicher Reiter, an den anderen Tagen freiwillig und zu seinem eigenen Spaß die Post zu diesen entfernten Gehöften brachte. Das war sicher sehr nett von ihm, und ich hatte Gelegenheit, diesen Mann einmal dabei zu beobachten.

Ich war nämlich zu Besuch auf einem der Höfe und sah gerade durchs Fenster, als er durch die Winterlandschaft auf diesen Hof zugaloppierte. Er hatte ein paar Päckchen bei sich, die er abgeben wollte. Er war anscheinend die ganze Strecke galoppiert, und wie er ankam, war das Pferd schweiß- und schaumbedeckt. Er sprang vom Pferd und eilte zu dem Hauseingang. Mir fiel auf, dass er dem Tier weder eine Decke übergeworfen noch den Schweiß abgerieben hatte. Wie er in der Haustür stand, wandte er sich kurz nach dem Pferd um und bemerkte, dass es zitterte. Er zögerte einen Moment, dann ging er noch mal zurück, nahm seine Reitgerte und schlug das Pferd. Dabei hörte ich ihn sagen: „Sportsleute zittern nicht." Dann verschwand er in dem Haus und kam gleich wieder heraus, nachdem er die Päckchen abgegeben hatte, schwang sich auf sein Pferd und galoppierte davon. Ich hatte diesen Vorfall nicht allein beobachtet, sondern es gab noch andere Leute bei mir, die das mitbekommen hatten. Sie können sich sicher vorstellen, wie die das beurteilten, was dort vorgefallen war. Sie waren richtig aufgebracht und je nach Temperament schimpfte der eine, „den sollte man anzeigen", und ein anderer, „dem hätten wir gleich an die Gurgel gehen sollen, nicht wahr, diesen Burschen, den sollte man fertigmachen, so wie er sein Tier misshandelt!" „Wenn er das immer so macht, dann bringt er das Pferd um. Solch eine Gemeinheit!" Der Reiter war inzwischen in der Ferne verschwunden.

Diese Geschichte war mir bei der Begegnung mit Amelies Mutter eingefallen. Warum gerade jetzt?, fragte ich mich. Weil ich plötzlich den Eindruck hatte, dass die Frau, die mir gegenübersaß, mit diesem Reiter etwas zu tun haben könnte. Geht sie nicht eigentlich mit sich genauso um wie dieser Reiter mit seinem Pferd? Wenn man sie nach ihrer Meinung zu dem Reiter fragen würde, hätte sie sicher genauso empört über den Reiter geschimpft wie die anderen und angemerkt, dass sie so etwas Gemeines nie tun würde. Sie würde betonen, dass man doch eher alles Leid auf sich nehmen sollte, als dass andere leiden oder man ihnen gar etwas zuleide täte. „Ich", hätte sie gesagt, „würde eher erfrieren, als dass ich ein Pferd so leiden ließe, ganz zu schweigen von den Schlägen, die es obendrein bekommen hatte." Wieso soll sie, wo sie so fürsorglich für das Pferd denkt, etwas mit dem Reiter zu tun haben?

Übertragen wir diese Geschichte gleichnishaft auf uns selbst, dann verhält es sich so: Das Pferd steht für unseren Körper. Er ist ein uns anvertrautes Gut und wir müssen mit ihm verbunden in einer unlösbaren Gemeinschaft durch diese Welt wandern und unser Leben leben. Dabei kommt es darauf an, wie wir mit diesem uns anvertrauten Gut umgehen, ob wir es dabei pflegen oder misshandeln oder beides. Es könnte sich genauso gut um ein Auto oder irgendein anderes uns anvertrautes Gut handeln. Immer geht es um das Gleiche: Was tun wir mit dem uns anvertrauten, aber nur geliehenen Gut? Missbrauchen wir es dazu, eine Leistung nach der anderen aus ihm herauszuquetschen, ohne dann die Zeit aufzubringen, es entsprechend zu würdigen und erholen zu lassen, geschweige denn zu pflegen? Oder verhalten wir uns anders? Nehmen wir beispielsweise unser Auto, wenn wir das nie pflegen und warten lassen würden, sondern immer nur mit ihm fahren und fahren und dabei meist Höchstleistungen herausholen, dann würden wir vermutlich an und mit diesem Auto nicht lange Freude haben. Genauso geht das mit dem Pferd in der Geschichte, das geht so mit Blumen und mit allem anderen, was uns persönlich anvertraut ist. Mit unserem eigenen Körper ist das auch nicht anders. Ich habe sogar das Gefühl, wenn ich der Körper von Amelies Mutter wäre, dann wäre sie wahrscheinlich schon tot. Denn ich muss gestehen, das ließe ich mir nicht gefallen, dass man mit mir den ganzen Tag so umgeht, wie sie es tut: „Du musst, du musst, du musst." Damit fängt es schon morgens mit dem Klingeln des

Weckers an und hört abends nicht auf, mit dem Nichteinschlafen-Können und Sich-im-Bett-Herumwälzen.

Der ganze Tag bestünde ja darin, dass ich muss, und dass, wenn ich nicht mehr kann und wenn ich zittere, ich dann obendrein noch die Peitsche bekomme! Die nennt man dann eine Zigarette oder eine Tasse Kaffee oder ein Gläschen und wird begleitet mit den Worten: „Du musst dich zusammennehmen, du wirst gebraucht!" Das Ergebnis ist das gleiche wie bei dem Pferd. Es kommt zu einer inneren Auszehrung. Von Überfließen kann nicht mehr die Rede sein, im Gegenteil, man wird zu einem Menschen, von dem niemand mehr etwas „herunterbeißen" kann. Zu so einem Menschen wird auch eine Mutter, der genau das fehlt, was eine gute Mutter auszeichnet, nämlich die überströmende, gemütvolle Mütterlichkeit.

Kommen wir zurück zu der kleinen Amelie, die nicht schlucken mag, die das Essen immer von einer Seite des Mundes in die andere schiebt und nicht herunterschluckt. Die Mutter hatte geklagt, dass sie viele Stunden des Tages damit zubringen müsse, um Amelie zu füttern.
Sehen wir uns jetzt an, was sie darauf antwortete, als ich sie fragte, wie sie sich früher die Zukunft ausgemalt hatte und wie das alles jetzt so zusammengekommen ist. Dabei ist mir aufgefallen: Wie ich die junge Frau nach ihren ursprünglichen Zukunftsplänen befragte, kam kurz ein Leuchten auf in ihrem Gesicht, sie öffnete sogar den Mantel ein wenig, bevor sie antwortete:
„Ja, wissen Sie, Herr Doktor, das Liebste, was ich habe, das ist meine Mutter. Ich hatte eine so schöne Kindheit gehabt und ich war eigentlich immer ganz zufrieden gewesen, allerdings auch recht eingeengt. Als dann mein Mann in mein Leben kam, verlobten wir uns gleich, und ich dachte bei mir, nun

wird auch dieses alles gut und ich muss nicht mehr so viel arbeiten. Wenn wir erst einmal verheiratet sind und eine Wohnung haben und immer zusammen sind, dann werde ich richtig glücklich sein. Auch wenn ich es zu Hause recht gut gehabt hatte, musste ich meiner Mutter ständig im Haushalt helfen. Ich dachte mir oft, wenn ich das nicht mehr müsste, dann würde alles viel schöner werden, dann würde ich endlich glücklich.
Mein Mann ist so gut zu mir und wir sind bestimmt eine glückliche Familie. Und wie haben wir uns auf das Kind gefreut. Ich hatte in der Ehe schon vor dem Kind immer viel zu tun mit dem Haushalt und wir mussten sparen für die Möbel oder irgendetwas anderes. Vieles musste ich mir vom Mund absparen. Denn mein Mann, der braucht ja sein Fleisch, das ist doch selbstverständlich! Da kann man nicht sparen, denn er muss ja mühsam das Geld verdienen. Er ist so gut. Ich kann eher mal hungern, ich arbeite ja nicht so schwer. Wir haben auch eine schöne Wohnung, schöne Möbel, ich bin so froh darüber. Wir waren so glücklich, und ich dachte, wenn wir nun ein Kind bekommen, wie schön wird es dann erst werden. Dann wäre ich nicht mehr so allein, wenn mein Mann im Dienst ist. Dann würde ich jeden Tag mit dem Kind im Park spazieren fahren und die Leute würden mich beneiden um das reizende Kind. Ich würde alles selbst nähen und stricken. Am Wochenende würde dann mein Mann mitkommen.

Doch es ist ganz anders gekommen, als ich mir das ausgemalt habe. So ein Kind, das macht doch viel Arbeit. Frühmorgens muss ich die Flasche machen, es wickeln und sauber machen, dann seine Wäsche waschen, es baden und dann wieder füttern und wenn es irgend geht noch mit ihm spazieren gehen. Kaum denkt man, es schläft, da schreit es schon wieder, man kommt überhaupt zu nichts mehr. Wissen Sie, ich muss doch auch noch meinen Haushalt machen und nicht einmal in der Nacht hat man Ruhe. Aber man muss doch nachsehen, wenn es schreit. Herr Doktor, Sie wissen natürlich, was ein Kind für Arbeit macht, aber nein, nein, das können Sie gar nicht wissen, wie es bei uns ist, denn jetzt wo das Kind herumläuft, da ist es auch immer so schmutzig. 10 Mal am Tag muss ich es frisch anziehen und darf nirgends was stehen lassen, alles fasst sie an.

Aber das ist alles noch nicht mal das Schlimmste. Ich tue ja alles gern für das Kind. Wissen Sie, wenn bloß das Essen nicht wäre, da sitze ich dann stundenlang beim Füttern. Amelie schiebt das Essen von einer Backe in die andere und sie schluckt es nicht runter. Da kann ich machen, was ich will, sie schluckt nicht. Ich zeige ihr Bilderbücher und ich rede freundlich mit ihr, ich versuche es mit Strenge und wenn ich ganz verzweifelt bin, dann schreie ich sie an. Das tut mir aber dann selbst am meisten weh und es hat auch gar keinen Zweck. Zudem sagt mein Mann noch, dass es an meinem Zubereiten liegen müsse! Aber ich habe die besten Kochbücher und Amelie bekommt auch alles, was es gibt. Sie bekommt gute Butter, das zarteste Fleisch, das frischeste Gemüse, ich gehe dafür extra zu einem Gärtner! Nicht wahr, am Kochen kann es bestimmt nicht liegen. Ja, und dann hat man nun alles mit so viel Liebe zubereitet und dann isst sie nichts. Es ist zum Verzweifeln mit dem Kind. Kann man denn gar nichts dagegen tun?"

Während die Frau so erzählte, hatten wir immer noch unsere Frage im Sinn: Wie hatten Sie sich als ein junges Mädchen Ihre Zukunft ausgemalt? Als das Wort Zukunft erklang, da hatte die Frau angefangen, ein wenig zu strahlen und sich zu öffnen. Aber kaum begann sie weiter zu schildern, schon versank sie wieder in ihr Klagen und in ihr Traurigsein.

Offenbar hatte sie schon als junges Mädchen nur sehr verschwommene Vorstellungen von ihren Lebenswünschen gehabt. Sie hatte keine lebendige Wunschwelt entwickeln können, keine Ziele gehabt, nicht genau gewusst, was sie eigentlich wollte. Nur, dass dann alles gut werden wird. Das klang immer wieder durch bei dem, was sie sagte. „Ich war ja so glücklich als Kind, ich möchte niemandem einen Vorwurf machen. Dann kam mein Mann und dann war alles gut. Und doch", fährt sie gleich fort, „war nicht alles gut." So schien es in dem Leben dieser Frau vielleicht seit damals, als sie selbst ein Kind war, immer gleich geblieben zu sein. Eine Hoffnung war zwar in ihr, aber sie hatte nie gelernt, wie man sie stillt.

Auch wenn hier scheinbar nur über Amelies Mutter gesprochen wird, haben wir die kleine Amelie nicht vergessen. Denn wir wollen ja herausfinden, was geschehen sollte, um beiden wirksam zu helfen, indem die kleine Amelie wieder schluckt und die Mutter die Zeit, die sie jetzt verbraucht mit dem endlos lang dauernden Essen von Amelie wieder für anderes freibekommt. Wie könnte das gehen? Ich denke, das wird nicht leicht. Jedenfalls habe ich nach dem, was ich bis jetzt von Amelies Mutter gehört habe, den Eindruck, dass sie mich kaum verstehen würde, wenn ich ihr von Zielen und von Plänen erzählte und davon spreche, dass man sich auch etwas gönnen darf und sollte, auch durch Dinge, die nicht unbedingt Geld kosten müssen. Malen wir uns zunächst einmal aus, wie die Hoffnung dieser Frau früher ausgesehen hat. Sie hatte geglaubt, wenn sie heiraten und von zu Hause ausziehen würde, dann würde dadurch alles gut sein. Später, als das nicht eintraf, hatte sie gedacht, wenn ein Kind kommt, aber dann würde sie endlich glücklich sein. Sie könnte dann mit dem Kind im Park spazieren gehen, die Menschen würden sie um das schöne Kind beneiden und vor allem wäre sie nicht mehr so viel allein.

Mir fällt hier wieder eine Geschichte ein, die ich schon erwähnt hatte, das Märchen vom Dornröschen. „Ich bin ein Prinzesschen und schlafe und warte auf den Prinzen, der nun aus einer anderen Welt kommt und mich mit einem Kuss erlöst." So ungefähr, wenn auch bei weitem nicht so ausgesprochen, schien Amelies Mutter als ein junges Mädchen in die Welt hineingeträumt zu haben. Sie lebte hinter einer Dornenhecke von Ängsten und hat sich nicht durchsetzen können. Sie meinte, wenn nun der gute Mann kommt, dann wird alles ganz anders sein. Kennen wir dies nicht? Es gibt z.B. Kinder, die die Vorstellung haben, wenn sie die Schule abgeschlossen haben, dann wird am nächsten Tag die Welt ganz anders und viel schöner sein. Doch sie ist es dann nicht. Oder wenn ich den Führerschein habe, wenn ich volljährig bin, dann wird am nächsten Tag das Leben anders und viel besser. Auch das ist nicht der Fall. Oder viel später, wenn ich dann in Rente gehe, dann wird alles gut sein.
Immer wieder zeigt sich die Welt als jenes Feld von Aufgaben, in denen wir uns zurechtfinden müssen und in dem wir reif werden müssen, so oder so.
Ich brauche nicht extra zu erklären, dass in der Wirklichkeit Ehemänner nur in den seltensten Fällen mit Märchenprinzen eine Ähnlichkeit besitzen. Die Enttäuschung pflegt im Allgemeinen nicht lange auf sich warten zu lassen. Aber von den Männern, den Vätern in diesem Fall, sprechen wir später, denn über die Väter ist sicher auch eine ganze Menge zu sagen. Zunächst wieder zur kleinen Amelie.

Was hat sich die Mutter denn eigentlich gewünscht, als sie sich ein Kind wünschte? Ich habe den Eindruck, sie hat eine Puppe gewollt. Etwas mit dem man spielen kann, das man an- und ausziehen kann, das man im Puppenwagen spazieren fahren kann. Es ist vielleicht etwas grob, wenn ich das so ausdrücke. Aber ich denke, Sie verstehen das schon. Ich meine das nicht so schlimm. Nur ein bisschen von der Vorstellung, dass das Kind ein Besitz ist, auf den man stolz sein kann, und den man sein Eigen nennt, natürlich nur so ein klein wenig, das kommt doch überall vor und wir kennen das sicher von uns selbst. Es kommt aber darauf an, wie groß und heftig dieser Wunsch und diese Vorstellung sind. Doch ist unser Kind eigentlich ein Besitz von uns oder eine Leihgabe? Ich denke mir, das sollte jeder von uns in aller Stille ein wenig überlegen.

Ich meine, dass Kinder wenigstens lange Zeit hindurch überwiegend Besitzverzehrer sind. Sie brauchen Zeit, Geld, Zuwendung, sie brauchen Überfluss im wahrsten Sinne des Wortes. Amelies Mutter kann aber nicht überfließen. Sie hat das Wünschen verlernt. Sie kann nicht mehr unmittelbar für sich selbst fordern. Sie kann nicht planen. Sie kann den Tag nicht für sich ausschöpfen. Sie lebt an ihrem Glück, an ihrer Gegenwart, an ihrer Zukunft und damit letztlich auch an ihrem Leben vorbei. So ist es kein Wunder, dass sie nichts hat, geschweige denn übrig hat, um es zu Amelie hin überströmen zu lassen. Ich habe so oft dieses Wort „überströmen lassen" erwähnt und ich denke, ich sollte Ihnen das etwas ausführlicher vorstellen, bevor wir mit Amelie weitermachen.

Liebe als Energiequelle: Der „römische Brunnen"
Unter einem römischen Brunnen versteht man jene Marmorbrunnen, die aus 3 übereinanderliegenden Schalen bestehen. In der obersten Schale befindet sich ein Springbrunnen und sie ist die kleinste der drei Schalen. Wenn sie gefüllt

ist, strömt sie über und füllt die darunterliegende größere Schale. Ist auch diese gefüllt, dann fließt auch sie über und füllt die darunterliegende große Schale. Ich sehe es in diesem Gleichnis so, dass die oberste Schale dem Ich des Einzelnen entspricht. Das sind wir selbst. Diese Ich-Schale ist die kleinste. Sie ist zwar ganz oben und bekommt als erste, aber die anderen Schalen sind viel größer und gewichtiger. Dennoch können sich diese sehr viel gewichtigeren Schalen, die für die anderen, für das „Du" stehen und auf die es scheinbar so außerordentlich ankommt, erst dann füllen, wenn die oberste Schale voll ist. Erst wenn die Ich-Schale ganz voll ist, also erst wenn wir selbst satt sind, füllt sich aus dem Überfluss die 2. Schale. Ich meine mit „satt" hier nicht das Essen, obgleich dieser Begriff „wenn wir satt sind" sicher mit dem Nicht-Essen-Können von Amelie etwas zu tun haben kann. Ich meine hier, wenn wir so gesättigt sind an allem, wenn wir genüge haben, wenn wir zufrieden sind mit unserem Tag, mit dem Programm, mit allem, was an uns herankommt und mit dem, wie wir damit fertigwerden, nur wenn wir in dieser Weise gefüllt sind, dann erst können wir überströmen. Es ist sicher so, dass ein Mensch, der erst an die anderen denkt und dann an sich, gar kein voller Topf sein kann und in diesem Sinne gar nicht überfließen kann. Es gibt dazu ein Sprichwort: „Nur ein Lump gibt mehr, als er hat." Wir können also in Wirklichkeit erst dann für andere Menschen etwas bedeuten, für andere Menschen etwas übrig haben, wenn wir selbst in uns zufrieden und gegründet sind.

Das sind so die Überlegungen, die mir dabei kamen, während ich mir anhörte, was Amelies Mutter von ihrer Zukunft erzählte oder besser hätte erzählen sollen. Sie hat jedoch nur davon erzählt, dass die große Du-Schale so schwer zu füllen geht. Überall heißt es, da muss etwas hineingetan werden.

Da muss der Haushalt erledigt werden, da muss das Kind gefüttert, gebadet, gestopft und was weiß ich, alles Mögliche erfüllt und erledigt werden. An sich selbst, an die Aufgabe, zuerst die kleine, aber oberste Ich-Schale zu füllen, um dann wirklich ganz selbstverständlich in die andere hinüberfließen zu können, hat sie bisher nicht gedacht.

Eine weitere Frage drängt sich uns auf: Besteht überhaupt eine Aussicht, dieser Frau, die vor uns sitzt, der Mutter von der Amelie, zu helfen? Hat sie in sich selbst noch irgendetwas, an dem wir anpacken können? Besitzt sie noch ein Stück Energie, das sich auflehnt gegen diese Unordnung ihres Lebens? Gibt es noch etwas in ihr, das dagegen protestiert, in der Fülle der an sie gestellten Forderungen des Alltags unterzugehen?

Erinnern wir uns an den Anfang. Amelies Mutter hatte mich aufgesucht wegen der Essstörung von Amelie. Ich habe dann die Frau aufgefordert, zunächst einmal über ihren Alltag zu berichten, weil ich mich für die Welt der kleinen Amelie besonders interessiert habe. Und dabei ist aufgefallen, dass diese Frau von allem gesprochen hat, nur von einem nicht, nämlich von ihrem Kind. Dann, später, habe ich die Frau aufgefordert, sie möchte mir etwas von ihren Zukunftsplänen erzählen, die sie als junges Mädchen gehabt hat, und sie hat eigentlich keine Zukunftspläne gehabt, sondern sie hat geschildert, dass sie immer gewartet hat und dass die Wirklichkeit immer anders war, als sie es sich vorstellte. Und so habe ich den Eindruck gewonnen, dass ich, wenn ich der kleinen Amelie helfen will, mich mit dieser Frau näher beschäftigen muss. Und wir wollten uns Gedanken darüber machen, ob es in ihr noch irgendeinen Punkt gibt, an dem ich ansetzen könnte, ob irgendetwas in dieser Frau uns noch Mut macht, dass wir darauf hoffen können, sie würde unseren Hinweis verstehen, sich mehr zu gönnen. Aus diesem Grunde hören wir uns an, was die Mutter von der kleinen Amelie damals noch weiter erzählt hat.

Sie sagte: „Herr Doktor, es ist ganz anders gekommen, als ich mir das vorgestellt habe. Ehe das Kind da war, da konnte ich das alles noch schaffen. Jetzt ist mein Mann auch nicht mehr mit mir zufrieden. Er sagt immer, früher hast du doch noch Zeit für mich gehabt, aber jetzt hast du zu nichts mehr Zeit. Er hat ja recht. Ich möchte ihm auch so gern alles gut und schön machen und ich gebe mir solche Mühe, aber ich bekomme es einfach nicht fertig. Wenn die Amelie bloß essen würde. Die viele Zeit, die ich damit zubringen muss, was könnte ich da nicht alles tun. Ich habe ja das Kind so lieb. Sie ist auch sonst sehr ruhig und artig. Ich habe immer Angst, dass ihr was passiert. Eigentlich kann ihr nichts zustoßen. Ich weiß auch nicht, woher das kommt, ganz schrecklich, ich sehe sie immer aus dem Fenster fallen. Um Gottes willen, es wird ihr doch jetzt nichts zustoßen. Meine Nachbarin ist allerdings da und passt auf, aber man kann nie wissen. Ich hab immer Angst, dass ihr was passiert."

Jetzt ist es heraus! Allerdings ist das sehr leidvoll, was uns die Frau hier berichtet, aber es zeigt uns auch, dass in ihr selbst etwas los ist. Ich habe Hoffnung, dass wir an dieser Stelle ansetzen und der Frau ein Stückchen weiterhelfen können. Denn was meint das, wenn sie plötzlich die Befürchtung hat, ihr Kind könnte aus dem Fenster fallen? Sie sagt ja selbst hinzu, dass sie diese Befürchtung für unsinnig hält. Ihrem Kind könne ja gar nichts passieren, denn es reicht noch nicht bis zum Fenster herauf und außerdem ist die Nachbarin da.
Es besteht also kein Anlass zu irgendeiner Befürchtung. Was ist es dann, das in dieser Phantasie, die Amelies Mutter plötzlich überkommt, zum Ausdruck kommt?

Die Antwort können wir nicht ausführlich genug schildern. Doch etwas können wir sagen, oder besser, uns klarmachen, dass sich in dieser Phantasie ein Stück Selbstbehauptungstendenz von Amelies Mutter zu Wort meldet: „Ich will wieder leben dürfen, und um jeden Preis!" Das klingt sehr grob. Aber wie immer, wenn solche Funktionsstörungen sich melden, dann wird das, was sich als echtes Anliegen anmeldet, wie eine Karikatur verzerrt und vergröbert erscheinen und man kann es leicht missverstehen, wenn man nun glaubt, dies wäre eine bewusste Phantasie von Amelies Mutter. Das ist keineswegs der Fall. Sondern Amelies Mutter scheint ihr Kind sehr, ja man könnte sagen, viel zu viel zu lieben. Sie opfert sich völlig auf. Sie nimmt keine Zeit für sich in Anspruch. Das Kind, das Kind, das Kind, und dazu noch alle Pflichten des Tages.

Sie hat sozusagen immer mehr an Gelände verloren. Sie hat sich als Person immer mehr zurückziehen müssen in sich selbst, ist immer schwächer, immer eingesponnener, immer isolierter geworden und aus diesem Zurückgedrängtsein meldet sich wie der Schrei eines zu früh Sterbenden: „Ich will leben!" Das richtet sich in dieser Phantasie gegen das Kind, das ihr die Luft abzuschnüren scheint. Mit Recht. Denn weit mehr als an ihrem Mann erlebt die Mutter an dem Kind ihre Niederlage gegenüber dem eigenen Lebensrecht. Es ist so etwas wie ein Stück Revanche-Phantasie. Ich will das zurückhaben, ich will das zurückfordern, ich will wieder der Mittelpunkt sein, oh, hätte ich dieses Kind nie geboren. Und doch wissen wir alle, dass diese Gedanken niemandem fernerliegen als Amelies Mutter. Lieber möchte sie sich selbst ganz aufopfern, ihr Leben hingeben, um für dieses Kind alles zu geben und zu sein: die gute Mutter, nur das beste Fleisch, das zarteste Gemüse. „Ich kann mir ja alles vom Mund absparen, ich kann mal hungern, das Kind und der Mann, das sind die Inhalte meines Lebens." Und doch, wäre es nicht so, dann käme auch ein solcher Schrei aus dem Untergrund ihres Wesens nicht heraus, der sagt: „Sie sollen alle da sein, wo der Pfeffer wächst!" Wir täten Amelies Mutter Unrecht, wenn wir ihr sagen würden, dass sie Aggressionen oder feindselige Hasseinstellungen gegen das Kind oder gegen ihren Mann hätte. Das eben hat sie nicht in ihrem Bewusstsein, sondern genau das Gegenteil.

In dieser Phantasie sehen wir aber, dass ein Stück Lebenswillen sich anmeldet und dass diese Frau von ihrer Phantasie her den Rat bekommt: Bediene dich ein bisschen mehr deiner Ellbogen! Du wirst den ganzen Tag von deinem Mann und von deinem Kind sozusagen überfahren. Die übergehen dich ständig, mit all deinen Wünschen kommst du nie dran, nun dreh mal den Spieß um und „überfahre" die mal mindestens ein klein wenig. Wenn man das Überfahren in der Phantasie bildlich darstellt, etwa in Gestalt eines Autos, dann meint es jedoch nichts anderes, als das in dem Gesellschaftsspiel „Mensch ärgere dich nicht" gefordert ist: Wenn ihr mich dauernd überfahrt (hinauswerft), dann lasst mich doch auch einmal euch überfahren (hinauswerfen). Wenn ihr mich dauernd fallen lasst, wenn ihr mich dauernd zu kurz kommen lasst in meiner Not, wo ich doch sowieso nicht richtig kann, dann will ich euch auch einmal fallen lassen dürfen und sagen dürfen, heute gehe ich ins Kino, und zwar auch dann, wenn es zu Hause noch nicht ordentlich ist oder das Kind schreit. Heute bin ich einmal für mich da und diese Zeit ist meine Zeit.

Das ist ein sehr schwieriges Thema. Es ist häufig so, wenn man da nicht ganz genau hinhört, dass man das missverstehen kann. Deshalb sage ich es lieber noch einmal. Amelies Mutter gebraucht ihre Ellbogen viel zu wenig. Sie nimmt sich viel zu wenig wichtig. Alles andere ist viel wichtiger. Aus einer solchen Phantasie, wie sie uns erzählt hat, nämlich dass ihrem Kind etwas zustoßen könnte, aus einer solchen Befürchtung können wir entnehmen, dass in ihr etwas Hungerndes, etwas Sehnsüchtiges danach schreit: „Auch ich möchte einmal der sein dürfen, der andere etwas zurückdrängen kann, der Raum für sich in Anspruch nimmt!" Da werden wir mit unseren weiteren therapeutischen Überlegungen ansetzen müssen.

Jetzt sollten wir uns auch ansehen, wie eine solche Mutter, die solche Phantasien hat und die für das Kind im Grunde zu viel da zu sein scheint, aus der Sicht eines 2-jährigen Kindes aussieht. Wir wissen, dass 2-Jährige anders sprechen als wir und vielleicht auch anders denken als wir. Sie machen auch ganz andere Erfahrungen als wir. Ich werde deshalb versuchen, mich zum Dolmetscher für Amelie zu machen, auch wenn ich es mit meinen Worten tun muss.

Also was wird Amelie wohl empfinden, wenn sie auf Mutters Schoß sitzt, die eine Backentasche prall gefüllt mit dem, was sie nicht schlucken mag, und hört, wie ihre Mutter jammert und sagt: „Amelie, iss doch. Ich hab doch keine Zeit!"? Amelie träumt, während sie das Essen auf die andere Seite schiebt und nicht schluckt. Sie träumt: Es ist schön hier. So schön warm, bei Mutti auf dem Schoß zu sitzen. Wie schön, dass Mutti jetzt Zeit für mich hat und nicht arbeiten muss. Mutti sagt, ich soll schlucken. Und wenn ich schlucke, werde ich groß. Aber ich will gar nicht groß werden. Denn wenn ich groß bin, das sehe ich ja bei Mutti, dann muss ich immer arbeiten. Ich möchte lieber wieder noch kleiner werden. Damals, da war viel Zeit für mich. Mutti war um mich und ich konnte oft auf ihrem Schoß sitzen, da war es schön. Schlucken muss etwas Furchtbares sein. Ich verstehe gar nicht, warum Mutti schimpft, wo es doch so schön ist mit uns beiden, aber immerhin, geschimpft werden ist mir lieber, als allein sein zu müssen. Dann nehme ich eben das Schimpfen in Kauf und schlucke einfach nicht herunter.

Stimmt das eigentlich, dass Amelies Mutter vor dem, was die kleine Amelie als vor längerer Zeit meint, mehr Zeit für Amelie gehabt hat? Ich glaube schon. Denn solange ein Kind noch kleiner ist, dann wird eine solche Frau wie Amelies Mutter mit diesem Kind noch fertigwerden können. Aber von dem Zeitpunkt ab, wo das Kind lebendiger wird, wo es laufen kann, wo es alles herunterreißt, wie Amelies Mutter uns erzählt hat, von diesem Punkt an wächst sie der Frau über den Kopf, während sie vorher mit dem kleinen gewickelten Baby noch einigermaßen zurechtkommen konnte. Bedenken wir, was ich stellvertretend für die kleine Amelie zum Ausdruck gebracht habe: Amelie ist gar nicht ungezogen, wenn sie nicht schluckt, sondern Amelie ist ein kleiner Mensch in Not. Wir können nun schon besser erkennen, was geschehen muss, was sich ändern muss, soll Amelies Not gewendet werden.

Am Anfang dieser Fallbeschreibung hatte ich gesagt, dass wir immer wieder die Erfahrungen machen, dass, wenn ein solches Kind bei körperlicher Gesundheit nicht so funktioniert, wie gesunde Kinder im allgemeinen funktionieren, dann in der Welt eines solchen Kindes etwas nicht stimmen kann. Sie geben uns wie ein Barometer an, wie das Klima jener elterlichen häuslichen Atmosphäre, die wir das Nest eines Kindes nennen, beschaffen ist. Ob es da ständig gewittrig ist, ob Hochdruck oder Tiefdruck herrscht, genau danach richtet sich das Kind mit seinem Verhalten.

Ich hoffe, dass sie es mir nachsehen, dass ich immer wieder so weit aushole und wozu es richtig und wichtig für unser Verstehen ist, uns so ausführlich mit Amelies Mutter zu beschäftigen. Wenn wir mit dem jetzigen Wissen näher auf diese Frau eingehen, die uns gezeigt hat, dass da in ihr noch die Sehnsucht nach dem Leben ist, wenn wir mit dieser Frau jetzt weiter im Gespräch bleiben und ihr für die Zukunft ein Stück Erfahrung von dem vermitteln können, was sie verlernt hat, nämlich für sich zu wünschen, sich etwas zu gönnen, die Schönheit des Tages zu genießen, erst dann wird es sich erweisen, ob die Not der kleinen Amelie gewendet werden kann.

Sich etwas gönnen!
Wie sieht ein solches „sich gönnen" aus? Wenn wir an dieser Stelle davon sprechen, dass der Tag ja zahlreiche Möglichkeiten bietet, sich zwischendurch kleine Freuden zu bereiten, dann kommt meist die Antwort: Das ist eine Geldfrage. Das ist jedoch ein Denkfehler. Richtig ist vielmehr, dass diese kleinen Freuden Goldes wert, aber nicht Geld wert sind, jedenfalls kosten sie nicht immer Geld. Unter diesen kleinen Freuden versteht man das, was man sich zwischendurch, z.B. während man von einem Zimmer ins andere geht, gönnen kann, z.B. dass man sich einen Augenblick auf einen Stuhl setzt und dem Radio zuhört oder der kleinen Amelie zuschaut. Oder dass man etwas aus dem Kühlschrank nascht, oder auch dass man seinem eigenen Spiegelbild zulächelt oder aus dem Fenster schaut und bemerkt, wie schön die Welt sein kann. Sich etwas gönnen heißt also keineswegs Geld ausgeben müssen. Es handelt sich vielmehr um die Augenblicke, in denen man das, was man gerade genießt, ungeteilt besitzt. Sei es ein halber Teelöffel voll Zucker, den man

lutscht, oder einen Apfel, den man isst, oder sei es ein Bild in einer Zeitung, das man betrachtet.
Das Wort ungeteilt, das ist übrigens noch etwas, das Amelies Mutter sicher ziemliche Schwierigkeiten bereiten wird und mit dem sie sich noch auseinandersetzen muss, will sie gesünder werden. Doch davon später.

Erinnern wir uns daran, es handelt sich um eine 32-jährige, verheiratete Frau, die ein einziges Kind hat, eine 2-jährige Tochter, die kleine Amelie. Die Frau kam zu mir, weil ihre Tochter Amelie nicht essen mag. Sie ist allerdings, wie Sie sich erinnern, nicht aus eigenem Antrieb zu mir gekommen, sondern weil ihr Mann sie geschickt hat. Uns ist da noch eine Reihe weiterer Dinge aufgefallen: sie hat es sich nicht bequem gemacht auf dem ihr angebotenen Sessel, sie hat nicht abgelegt, sondern ist schüchtern auf der vorderen Stuhlkante sitzen geblieben. Später, als wir sie befragten, haben wir immer deutlicher feststellen können, dass es sich um eine sehr bescheidene und schüchterne Frau handelt, die selbst nicht glücklich und ausgefüllt ist wie ein volles Gefäß, das dann überströmen kann. Dabei haben wir uns die Geschichte von dem römischen Brunnen vergegenwärtigt, der von Schale zu Schale immer dann überfließt, wenn er gefüllt ist. So verhielt sich diese Frau nicht.

Wir haben weiter festgestellt, dass Amelie körperlich gesund ist. Aber es fehlt ihr was. Sie mag nicht schlucken und sie leidet damit an einer Störung, die, wie uns allen bekannt ist, recht häufig vorkommt: Essstörungen bei kleinen Kindern. Wir haben erkannt, dass in der Welt der kleinen Amelie etwas nicht stimmen kann und ihr ganz wörtlich genommen „etwas fehlt". Wenn es auch noch nicht ausgesprochen wurde, wir haben herausgefunden, dass ihr Zuwendung, Wärme, Überströmen von Seiten ihrer Mutter her fehlen. Nun sollen wir der kleinen Amelie helfen. Amelie ist ein Mensch in Not, genauer gesagt, ein kleiner und damit ein hilfloserer Mensch als wir Erwachsenen. Wir sollten ihr das geben, was ihr fehlt, um ihre Not zu wenden. Wir haben erkannt, dass das offenbar nur gelingt, indem wir Amelies Mutter helfen. Das ist immer deutlicher geworden. Nicht die kleine Amelie ist in Wirklichkeit unsere Patientin, sondern die Frau, die uns gegenübergesessen hat, Amelies Mutter. Amelies Verhalten ist das Symptom der Störung bei der Mutter.

Es ist also Amelies Mutter, die behandelt werden muss, soll sich an der Essstörung der kleinen Amelie etwas ändern. Das hört sich nun einfach an. Spontan war der Gedanke aufgekommen, der Frau gut zuzureden und ihr zu raten, sich doch noch mal ein bisschen mehr für ihr Kind aufzuopfern. „Haben Sie mal ein bisschen mehr Zeit und ein bisschen mehr Geduld mit Ihrem Kind, dann werden Sie schon sehen, alles wird wieder gut werden." Wir wissen inzwischen, dass das gar nicht geht. Das tut die Frau schon dauernd. Bei all dem, was sie uns berichtet hat, hat sie immer erzählt, dass sie sich den ganzen Tag aufopfert und dass sie jene Grenze schon erreicht hat, an der es nicht mehr weitergeht. Sie kann nicht mehr. Wollten wir dieser Frau noch mehr aufbürden, dann würde sie zusammenbrechen.

Was wirklich fehlt, ist, dass Amelies Mutter gar nicht mehr bemerkt, wo sie sich etwas gönnen kann. Sie hat da etwas verlernt. Sie sieht so etwas nicht. Und wenn wir sie auffordern würden, sie möchte sich dies und das gönnen, dann würde sie von selbst erstens gar nicht darauf kommen und zweitens, sie würde es nicht können, sie würde nämlich dadurch Angst bekommen. Sehen wir uns das noch einmal genauer an und fragen die Frau einmal, was sie sich überhaupt wünscht.

Die 3-Wünsche-Methode zur Entfaltung von Lebendigkeit

Ich fordere diese Frau auf: „Stellen Sie sich vor, Sie gehen im Wald spazieren, so wie im Märchen. Eine gütige Fee kommt auf Sie zu und sagt, dass Sie Ihnen 3 Wünsche erfüllen wolle." Darauf wird sie zunächst etwas verlegen. Sie nestelt an ihrer Kleidung, an der Tasche auf den Knien, und sagt schließlich: „Ach, eigentlich habe ich gar keine Wünsche." Wieder ist da so ein kleiner Punkt, der uns ermutigt. Das Wörtchen „eigentlich", das ist so tröstlich. Sie merkt nämlich, dass sie im Grunde doch Wünsche hat. Die sind nur verschüttet, aber sehr weit weg. Sie reicht nicht bis dahin und kann sie nicht unmittelbar ergreifen. An der Stelle könnten wir ihr helfen. Ich ermuntere sie und wiederhole: „Wenn Sie jetzt einmalig die Gelegenheit hätten, einfach so 3 völlig beliebige Wünsche zu äußern. Was könnten Sie sich da wünschen?" Nach einigem Zögern sagt die Frau als ersten Wunsch: „Ich wünschte mir, dass meine Familie, d.h. mein Mann, mein Kind, meine Mutter und die anderen Verwandten, immer gesund sein mögen."

Das ist ja sicher ein schöner Wunsch, gegen den auch gar nichts zu sagen ist. Nur unter unserer Fragestellung, dass wir dieser Frau helfen wollen, eine eigene, lebendige Wunschwelt zu erarbeiten, damit sie merkt und lernt, wo sie sich überall etwas gönnen kann, da bringt sie nun so einen Wunsch, zu dessen Erfüllung sie selbst nichts beitragen kann. Es ist ein Wunsch, der an das Schlaraffenland erinnert, in dem einem die gebratenen Tauben von allein in den Mund fliegen. Ein ganz passiver Wunsch an das Schicksal, bei dem sie in ihrem Leben alles so belassen kann wie bisher, die anderen gesund sind und sich selbst weiter aufopfert und nichts unmittelbar für sich tut.

Ich finde den Wunsch immerhin sehr schön, aber ich bin doch unglücklich, als ich ihn höre, weil ich zunächst damit gar nichts anfangen kann. Ich warte deshalb ab, was als zweiter Wunsch in der Frau hochkam. Auch das brauchte eine ganze Weile, bis sie sagt: Ich wünsche mir, dass meine Mutter lange lebt." Auch dagegen ist gar nichts zu sagen. Ich finde auch diesen Wunsch schön, aber für unsere Zwecke zeigt er wieder, wie schwierig es bei Amelies Mutter ist. Zur Erfüllung auch dieses Wunsches kann sie selbst nichts beitragen. Er kann folglich nicht dazu beitragen, ihr Leben mittels neuer Wünsche zu befruchten und auszuformen.

Um ihr zu helfen, sage ich: „Haben Sie keinen Wunsch, der sich etwas mehr auf Ihre eigene Person bezieht und auf Ihre Zukunft? Also auf etwas, das Sie sich ganz für sich allein wünschen könnten?" „Doch", beginnt sie mit einem leichten Strahlen: „Ich wünschte mir, dass ich selbst auch immer gesund bleibe, damit ich für meine Familie viel arbeiten kann." Schon während sie das sagte, verdunkelte sich das Gesicht dieser Frau wieder. Genau wie schon einmal in unserem Gespräch, als sie anfänglich strahlte und im nächsten Moment wieder in sich zusammensackte wie ein Strohfeuer, das wieder erlischt. Genauso strahlend hatte sie mit dem „Doch" begonnen, als habe sie einen Wunsch für sich selbst und wünscht sich, dass sie selbst immer gesund bleibt. Das ist etwas mehr als bisher. Im nächsten Moment fällt die Maske wieder über ihr Gesicht, das Traurigsein, das Müdesein, das schaut mich wieder an, als sie hinzufügt, „damit ich für meine Familie immer viel arbeiten kann". Also wenn ich mir etwas gönne, wenn ich etwas glücklicher werden möchte, dann darf ich es nicht mir zuliebe tun, sondern dann muss ich gleich umso mehr für die anderen da sein.

Das ist vielleicht sogar ein Stückchen von der Ursache. Vielleicht gönnt sich die Frau deshalb so wenig, weil sie fürchtet, dass – sobald sie innerlich etwas reicher wird und etwas mehr glücklich ist – sie alles gleich wieder hergeben muss, weil es ja nicht erlaubt ist, dass sie Glück für sich genießt. Wir haben das Wort „ungeteilt" schon verwendet und gesagt, dass wir uns mit diesem Wort „ungeteilt" noch befassen. Das erfolgt jetzt.

Ungeteilt – etwas nur für mich!
Stellen Sie sich nur vor, Sie hätten einen Riegel Schokolade und um Sie herum sitzen andere, Freunde, Freundinnen und doch wollten Sie die Schokolade nun ungeteilt genießen. Das ist ein Problem. Ich kenne eine ganze Reihe von Menschen, die das nicht können und die denken, dass man das eigentlich auch nicht machen darf.
Es ist mit dem Leben offenbar so ähnlich wie bei einem Fußballspiel. Es gibt eigentlich nur zwei Parteien. Die eine Partei, das ist man selbst. Die andere Partei, das ist alles, was man nicht selber ist. Die Philosophen sprechen hier von „Ich" und von „Nicht-Ich". Das ist vielleicht die kürzeste Formulierung, wenn wir wissen, was damit gemeint ist: Auf der einen Seite stehe ich mit meinen Wünschen ganz für mich allein und auf der anderen Seite befindet sich alles, was „Nicht-Ich" ist, z.B. meine Familie, die Kinder, die Lehrer, die Schüler, die ganze Welt, Sonne, Mond und Sterne, also alles andere. In dieser anderen Partei, in dieser mir gegenüberliegenden anderen Welt, muss ich lernen, mich zurechtzufinden und angemessen durchzusetzen.

Im Fußballspiel würde man daher sagen: Wenn ich mir etwas gönne, steht es 1:0 für mich. Ich denke, die meisten wissen, was das heißt, 1:0 für mich. Ich habe einen Vorteil und die anderen sind einen Punkt im Rückstand. Im Leben geht es allerdings sehr gemischt zu. Man steht morgens auf und irgendetwas Ärgerliches passiert einem. Dann steht es schon 1:0 für die anderen. Das bedeutet, in dem Moment sind wir für diesen Tag bereits einen Punkt im Rückstand. Wir müssten nun, um das Gleichgewicht wieder zu erreichen, uns prompt etwas gönnen, damit es zum Ausgleich 1:1 kommt und wir unsere innere Ausgeglichenheit wieder zurückgewinnen. Das vergessen wir recht häufig und wundern uns, dass wir uns am Mittag ein bisschen bedrückt fühlen. Das liegt daran, dass wir auf unserem Rücken einen unsichtbaren Rucksack tragen, der gefüllt ist mit lauter Minuspunkten, die wir aber nicht direkt registriert haben. Ich kenne da z.B. jemanden, dem ging neulich eine kostbare Blumenvase entzwei. Da habe ich gleich gedacht, 1:0 für die anderen, das war ja ein schwerer Minuspunkt für den Mann. Vielleicht waren es sogar gleich mehrere. Und dann habe ich gedacht, nun will ich mal sehen, ob er sich jetzt etwas gönnt. Wissen Sie, was er gemacht hat? Er hat sich ziemlich geärgert! Das drückt aus, dass er die Partei der anderen ergriffen hat, indem er sozusagen einen unsichtbaren Holzhammer genommen und sich damit auf seinen Kopf geschlagen hat: Ich ärgere mich wahnsinnig. Vielleicht hat er zur Strafe auch gleich noch auf das Essen verzichtet, also noch 2 weitere Minuspunkte! Und während es vorher vielleicht 10:0 für die anderen gegen ihn stand, waren es am Ende der Geschichte 25:0 gegen ihn. Mit der Folge, dass er völlig kaputt und unfähig war, noch irgendeine sinnvolle Arbeit zu tun, geschweige denn anderen Menschen aus Freude eine Freude zu bereiten. So wie in unserem Fall.

Diese Frau, Amelies Mutter, hat offenbar stets viele Minuspunkte in ihrem eigenen Rucksack. Denn für sich selbst gönnt sie sich nichts, und das mit der Begründung, dass man das nicht tun darf, dass man so doch nicht sein kann. Da wäre man ja eine abscheuliche Egoistin, ist sie überzeugt. Also werden wir gelegentlich noch nachdenken müssen, wie das mit dem Egoismus eigentlich ist. Sie jedenfalls gönnt nur den anderen etwas. So steht bei ihr für die anderen jeden Tag schon von vornherein ein haushohes Plus und für sich haushoch ein Minus! So sitzt sie vor mir, etwas gebeugt und belastet, zusammengedrückt von dieser Last der unsichtbaren Minuspunkte. Sie ist schwer-mütig. Das Wort schwer kommt von den Minuspunkten her, an denen sie sich abschleppt und, was das Schlimmste daran ist, das noch nicht einmal bemerkt.

Kommen wir zurück zum Wort „ungeteilt". Stellen wir uns vor, Amelies Mutter hätte eine Tafel Schokolade für sich zur Verfügung. Es war ein Zufall, sie hatte sie für sich geschenkt bekommen. Sie könnte jetzt diese Tafel Schokolade essen, sogar mit Genuss, und sich dafür auch etwas Zeit lassen. Sie könnte einen Teil heute essen, einen Teil morgen essen, aber sie könnte es ungeteilt genießen, d.h. ohne etwas abzugeben.

In unserem Beispiel vom Fußballspiel sähe das dann so aus: Angenommen, es stand 1:0 gegen Amelies Mutter, als sie die Schokolade bekam. Sie hatte einen Minuspunkt eingefahren, weil sie sich gerade mit irgendetwas beschäftigen musste, das ihr keine Freude machte, sondern ihr ein Ärgernis war. Wenn sie „ungeteilt" im Sinne eines eigenen Punktgewinns verstanden hat, sagt sie sich nun: „Na gut, zum Ausgleich esse ich jetzt ein Stückchen von meiner Schokolade." Und

schiebt sich ein Stückchen in den Mund. In diesem Moment steht es 1:1.
Doch in genau diesem Moment bekommt sie Schuldgefühle. Sie sagt sich: „Ach ich kann doch jetzt hier nicht Schokolade essen, wo mein Mann da drüben in dem Sessel sitzt und die Zeitung liest. Der hat das sicher gehört, wie ich mit dem Papier geraschelt habe, und sie geht hin und steckt ihm auch ein Stück von der Schokolade in den Mund. Aber der Mann gehört zu der anderen Partei in unserem Bild. Er ist einer von den anderen. Er kriegt von ihr schnell auch noch einen Pluspunkt. Doch wie ist jetzt der Spielstand? Zu Anfang steht es 1:0 gegen Amelies Mutter und vorübergehend dann 1:1. Aber sie hat sofort dem anderen einen Pluspunkt zugeschanzt, so dass es am Ende wieder gegen sie 2:1 steht.
Ungeteilt heißt folglich, dass, wenn man seine „Torbilanz" aufbessern will, man sich eine Freude machen muss, die man nicht mit anderen teilt, die man anderen nicht zukommen lässt!

Wenn jemand mit einer solchen Minusbilanz, mit so viel unsichtbaren Minuspunkten beladen ist, dann muss er zunächst aufholen. Er muss nachholen. Er muss eine bestimmte Zeit haben, in der er einmal nur für sich selbst Pluspunkte sammelt und nicht an die anderen Pluspunkte vermittelt. In unserem Fall heißt das, Amelies Mutter müsste all die vielen kleinen Freuden, die im Einzelnen mit ihr noch durchzusprechen wären, zunächst ungeteilt für sich in Anspruch nehmen. Gerade da liegt aber die große Schwierigkeit. Beibringen kann man das überhaupt nicht, das würde auch gar nichts nützen. Selbst wenn man die Frau dazu zwingen würde, dann würde dadurch sogleich aus jedem Pluspunkt automatisch ein Minuspunkt werden. Ihr würde Schokolade nicht mehr süß schmecken, sondern bitter. Von Genuss wäre keine Rede mehr, sondern sie würde dergleichen nicht mehr mögen und auch alles, was ihr sonst Freude gemacht hätte, würde jetzt von Ängsten und von Schuldgefühlen begleitet sein. Das, was sonst das Beste gewesen wäre, wird zu einem Zwang umgeformt und damit wiederum zu einem Minuspunkt. Mit gutem Zureden ist es also nicht getan. Auch wenn es das ist, was die meisten Menschen sich fälschlich unter Psychotherapie vorstellen. Da geht ein Mensch hin und dann wird ihm gut zugeredet, er solle mal all das lassen, was er verkehrt macht. Wenn das so einfach wäre, dann bräuchte man im Grunde gar nicht erst hinzugehen. Denn wenn jemand bewusst ist, was er verkehrt macht und er es auch lassen möchte, dann täte er es auch ohne Zureden von anderen.

Erinnern wir uns daran, wie es mit der Wunschwelt von Amelies Mutter aussieht? Ihre Wunschwelt ist blass. Man könnte auch sagen, wenn man dabei an einen Film denkt, sie ist schwarz-weiß, nicht einmal Tonfilm, geschweige denn Farbfilm oder gar 3-D. Daran kann man sich nicht sättigen. Ich habe ihr all das erzählt, was ich hier erläutert habe. Ich habe ihr von dem vollen Gefäß erzählt, das überfließen kann. Ich habe ihr von den Plus- und den Minuspunkten erzählt, von dem Fußballbeispiel. Sie hatte aufmerksam zugehört und manchmal hatte ich so das Gefühl, sie verstünde mich gar nicht. Es ist nämlich eine große Schwierigkeit in dieser Frau, unmittelbares Verständnis für unsere Schlussfolgerungen zu wecken. Wie sollte es auch anders sein? Es handelt sich schließlich um einen Menschen, der in Jahrzehnten seines Lebens systematisch etwas verlernt hat und für den unsere Vorstellungen klingen müssen wie ein Lied, das in einer fremden Sprache aus einer fernen Welt erklingt. Es geht also nicht darum, dass wir die Patientin überzeugen oder überreden, sondern es geht darum, dass diese Frau anfängt, etwas für sie Fremdes und Mühevolles mit zähem Fleiß für sich zu erlernen. Dabei gilt besonders, dass aller Anfang schwer ist und ein längerer Übungsweg vor ihr liegt.

Das, was wir Amelies Mutter nahebringen möchten, ist, dass sie damit beginnt, einen neuen Lebensstil zu führen. Das ist für sie so ungewohnt, dass erst allmählich mit immer größer werdenden Wiederholungen mit beständigem Üben das Gefühl in dieser Frau wieder erwacht, welches ihr zeigt, dass das Leben im Grunde anders und einfacher ist und dass es auch für sie Schönheiten besitzt und Glück bereithält.

Um ihr den Weg zu erleichtern, habe ich sie über ihre Nachbarin befragt, nämlich wie die denn das mache. Dabei kam heraus, dass die Nachbarin hin und wieder sich an sie wendete mit irgendeiner Bitte, z.B. ob sie ihr nicht etwas Mehl leihen könnte oder ob sie mal nach ihren Blumen schauen könnte, wen sie weg wäre. Sie hatte der Nachbarin bisher ganz selbstverständlich alle diese Wünsche erfüllt, sie hat alles Mögliche verliehen, alles Mögliche hergegeben, sie war jedem gefällig so gut sie konnte. In Wirklichkeit war sie aber nicht gefällig, sondern sie war gefügig. Sie kam gar nicht auf die Idee, dass sie auch nein sagen könnte, dass sie selbst auch mal einen Wunsch bei der Nachbarin äußern könnte, wenn sie mal nicht zurechtkommt mit ihrer Zeit oder nicht alles vorrätig hat, was sie gerade zum Kochen braucht. Sie kommt gar nicht auf die Idee, andere zu bitten ihr auszuhelfen.

Im Laufe der Behandlungssitzungen ist ihr das erste Mal in ihrem Leben mit Bewusstsein klargeworden, dass die Menschen doch recht viel von ihr wollen und dass sie immer bereitwillig alles tut, was die andern von ihr wollen. Darüber hinaus hat sie bemerkt, dass sie sich an einigen Punkten auch etwas wünschen könnte. Sie hat es zwar noch nicht getan, sie hat noch keine Wünsche geäußert, aber so ist es mit dem Anfangen. Es beginnt damit, dass dieser Mensch allmählich auftaut und dass all das, was bei ihm verschüttet war, so aus dem Boden wieder hervorlugt wie im Frühling das erste Grün. Es ist dann noch ganz zart. Das bedeutet, dass die Frau ihr Verhalten noch nicht ändern kann und im Handeln im Grunde alles noch so geblieben ist, wie es bisher war. Aber was sich schon geändert hat, ist ihre Wahrnehmung. Sie bekommt ein Gespür dafür, so ein ganz feines Gefühl für das 1:0 für die anderen. Sie bemerkt, dass, wenn etwas kaputtgegangen ist, es einen Minuspunkt bedeutet, und sie zögert jetzt schon innerlich einen kleinen Moment, ehe sie wie bisher fortfährt und noch sagt „ich ärgere mich" statt „dies und jenes ärgert mich".

Wie wir uns zu einem Ärgernis verhalten, das ist sehr wohl unsere Sache. Wenn wir festgestellt haben, ich wurde eben geärgert, dann mache ich mir jetzt eine Freude und gönne mir was, dann verschaffe ich mir einen Pluspunkt. Wenn man schon so weit ist, dass man bemerkt, Donnerwetter, das war eben ein Minuspunkt, und dann nicht gleich sich auch noch selbst ärgert, sondern sich jetzt etwas gönnen sollte und wenn es nur der Blick in eine Illustrierte ist, die gerade auf dem Tisch liegt, dann ist viel gewonnen. Wenn es der Moment Zeit ist, den man sich da gestattet, um ein Bild anzuschauen und das durchzulesen, was darunter steht, nicht nur um sich abzulenken, sondern um sich eine kleine Freude zu machen.

Auch Amelies Mutter war anfänglich der Meinung, dass das den Einsatz von Kapital erfordert. Damit hat sie recht, aber es handelt sich nicht um Geld. Es ist dieses Kapital, das wir ausgedrückt haben mit dem Bild von dem Gefäß, welches nun angefüllt ist mit dem Kapital an Freude, an Selbstbewusstsein, mit all jenen kleinen Freuden, die kein Geld kosten müssen, sondern die uns allen jeden Tag, jede Stunde, jede Minute zur Verfügung stehen, wenn wir nur darauf achten würden. Daran fehlt es meistens. Das schlimme und schwerwiegende Argument, das Amelies Mutter in unserem Gespräch in die Waagschale geworfen hatte, wenn auch nur ganz zögernd, so mit leichtem Erröten, ein wenig ängstlich und mit nach unten gesenktem Blick, war die Aussage: „Das ist doch egoistisch." An dieser Stelle wird es wirklich schwierig. Wenn man nämlich gelernt hat, dass man nichts für sich tun darf, und diesen Glaubenssatz für unantastbar hält, dann ist im Grunde nichts zu machen.

Erinnern wir uns noch einmal kurz an das Bild von dem römischen Brunnen. Wir haben vor Augen, wie er gebaut ist: Oben die kleine Schale und in dieser kleinen Schale befindet sich ein Springbrunnen. Ist diese kleine Schale gefüllt, dann strömt sie über und füllt von allein die darunterliegende sehr viel größere Schale. Sie hat vielleicht fast den doppelten Durchmesser. Ist schließlich diese Schale gefüllt, dann fließt auch sie über und füllt ganz von selbst die darunterliegende große weite Bodenschale. Die oberste Schale, die haben wir „Ich" genannt, und die darunterliegende, deutlich größere, die nannten wir „Du", womit der liebe Nächste gemeint ist.

In unserem Fall mit der Mutter und der kleinen Amelie verhält es sich genau umgekehrt. Sie nennt die oberste Schale „Du" und die darunterliegende „Ich". Sie möchte erst die „Du-Schale" füllen. Das scheint ihr das Wichtigste zu sein. Sie glaubt, dass es wirklich so ist und zu sein hat in der Welt. Wenn man diese Auffassung hat, dann ist die „Ich-Schale" in Wirklichkeit größer als die „Du"-Schale. Das bezeichnen wir als Egoismus!

Auch wenn das genau das Gegenteil von dem zu sein scheint, was im alltäglichen Sprachgebrauch als Egoismus verstanden wird.
Wir behaupten nämlich nicht, dass die „Ich-Schale" größer ist und dass sie wichtiger ist als die „Du-Schale", sie muss aber zuerst gefüllt werden. Unser Standpunkt ist aber der, dass die „Ich-Schale" vor der „Du-Schale" gefüllt werden muss. Soll Amelie gesund werden, wird ihre Mutter lernen müssen, dass sie hier die Ordnung ihrer Vorstellungen, ihres Erlebens, ihres Lebens überhaupt ändern muss. Der Vorteil bei dieser Frau ist, dass sie zumindest so viel verstanden hat von dem, was wir in der ersten Besprechung miteinander abgehandelt haben, dass sie sich entschlossen hat, einen solchen Weg mitzugehen.

Dieser Weg wird seine Zeit brauchen und nicht ganz einfach sein. Immerhin hat sie schon den ersten Schritt auf diesem Wege getan. Wenn sie eines Tages wie ein volles Gefäß gefüllt sein wird, also auch sich im Umgang mit sich und mit der Welt etwas gönnen kann, dann wird in der Familie, in der Welt der kleinen Amelie die Mutter wieder jener Mittelpunkt sein mit all den Eigenschaften, die wir einer Mutter so gern zubilligen.

Dann wird Amelie wieder normal essen und herunterschlucken!

– Vor mehr als 2 Jahrzehnten hat Ingo Würtl sich mit der Frage nach Gewaltprävention in der Schule befasst und dabei auch den Faktor Ernährung in seine Überlegungen mit einbezogen. Viele seiner Gedanken bieten noch heute interessante Anregungen für den Umgang mit dem Thema. –

Aggressionen und Gewalt in der Schule[3]

1. Vorbemerkungen

Die folgenden Gedanken zum Thema Aggression und Gewalt in der Schule schreibe ich als Sonderpädagoge für Verhaltensgestörte. 13 Jahre lang habe ich an einer Gesamtschule in Hamburg gearbeitet, seit 4 Jahren bin ich in einer Grundschule beschäftigt. Meine Aufgabe war und ist die Betreuung verhaltensauffälliger und gestörter Schüler, die in ihren gewohnten Lerngruppen und Klassen bleiben und nur stundenweise zu mir kommen, um verhaltenspädagogisch von mir betreut zu werden. Dies geschieht in zwei eigens dafür eingerichteten Klassenräumen, die mit vielfältigen Spiel- und Bewegungsangeboten im Sinne von Psychomotorik und Rhythmik ausgestattet sind. Gegenwärtig (also 1991, Anm. d. Hrsg.) gibt es an 15 Schulen in Hamburg Sonderschullehrer, die schwierige Schüler integrativ sonderpädagogisch betreuen. Sie werden Präventionslehrer genannt, und die Tätigkeit ist mit dem Begriff präventive Verhaltenspädagogik zutreffend bezeichnet.

Die von mir betreuten – rund 20 – Schüler werden mir von den Klassenlehrern als betreuungsbedürftig genannt und kommen in der Regel für eine oder zwei Schulstunden zu mir.

---

[3] Autor: Ingo Würtl
(aus psychopädica 2. Jhrg, Heft 2, 1991)

Häufig fällt dann der Unterricht für dieses Kind aus. Verständlicherweise kann meine Betreuung nur ausnahmsweise auf Randstunden gelegt werden, in denen der Schüler keinen Unterricht hat. Da ich mein Verhalten den Kindern gegenüber immer so gestalten kann, dass sie gern zu mir kommen, gibt es keine negativen Stigmatisierungen jener Schüler, die zu mir kommen. Jeder Schüler darf, wenn es der Unterricht erlaubt, ein Kind aus seiner Klasse mitbringen und nur wenige Kinder ziehen es vor, mit mir allein die Stunde zu verbringen.
Neben der zentralen Aufgabe der verhaltenspädagogischen Arbeit mit den Schülern finden viele Gespräche mit den Klassen- und den Fachlehrern, mit Eltern oder anderen Erziehungspersonen statt. Kontakte zu anderen Schulen – auch Sonderschulen –, zu Hausärzten der Familien, zu Kurheimen und psychiatrischen Diensten gehören darüber hinaus auch zu den Aufgaben eines Präventionslehrers.

2. Schule und Dressur

Die Tätigkeit des Lehrers wird häufig mit jener eines Gärtners verglichen, der die Pflanzen pflegt und alles zu ihrem Gedeihen bereitstellt. Aber Schüler sind keine Pflanzen. Schüler wollen sich bewegen. So ist die Tätigkeit des Lehrers viel eher mit der eines Dompteurs zu vergleichen als mit jener des Gärtners. Schule ist eine künstliche Veranstaltung und fordert künstliche Mittel. Gemeint ist folgendes: Kinder – etwa im Grundschulalter – haben ein natürliches Bedürfnis, zu spielen, auch mit einem oder zwei, zuweilen auch mit mehreren Kindern. Aber sie haben kein natürliches Bedürfnis, mit 25 anderen Kindern in einem Raum zu sein und eine dreiviertel Stunde lang unter der Führung des Lehrers unbewegt dem Unterricht zu folgen.
Tiger laufen nicht von sich aus durch einen langen käfigartigen Gang in die Manege, um sich dort ruhig auf ein Podest zu

setzen und abzuwarten, bis 5 weitere Tiger hereingekommen sind, die sich ebenfalls auf ein Podest setzen. Natürlich ist das nicht, und der Dompteur hat jahrelang liebevoll und ausdauernd mit den Tieren arbeiten müssen, bis so eine Dressurnummer vorführbar wurde. Nur scheinbar sieht das alles leicht aus, und wer einem Lehrer beim Unterricht zusieht, wie die Schüler ruhig auf ihren Plätzen sitzen und die gestellten Aufgaben willig erledigen, mag den Eindruck haben, unterrichten sei so schwer nicht.

Aber auch die Schüler tun dies nicht natürlicherweise, sondern es hat auch hier liebevoller, geduldiger und zuweilen strenger Arbeit des Lehrers bedurft, bis das möglich war. Schule ist eine künstliche Veranstaltung und erfordert demnach künstliche Mittel. Tatsächlich machen Schüler dem Lehrer häufig so große Schwierigkeiten, dass Unterricht fast unmöglich ist, und der Lehrer seine ganze Kraft darauf verwenden muss, Unterricht erst einmal möglich zu machen. Dabei sind es nicht in erster Linie jene Schüler, die sich durch Träumen oder gar Schlafen dem Unterricht entziehen, sondern es sind vor allem die aggressiven Schüler, die den Lehrern zu schaffen machen und die sie an ihrem professionellen Auftrag hindern, kunstgerechten Unterricht zu geben. Aggressives Verhalten von Schülern kann sich bis zu großer Gewalt steigern und ist in Amerika an manchen Schulen so ein Problem, dass dem nur durch die Anwesenheit von Polizeikräften zu begegnen ist, die für Ordnung sorgen und die Schüler nach versteckten Waffen durchsuchen. Reizvoll wäre es, die ganze Organisation von Schule mit ihrem staatlich verordneten Unterricht und ihren vielen nicht kindgemäßen Zügen auf Aggressivität und Gewaltpotenziale hin zu untersuchen. Aber dieses ist nicht unser Thema, obwohl immer bedacht werden muss, dass die Aggressionen von Schülern nicht selten als Reaktionen auf ein für sie unerträgliches Fremdbestimmtsein durch die Schule zu sehen sind.

3. Aggressionen und Destruktion

Der Begriff Aggression ist freilich oft missverständlich. Er leitet sich her vom lateinischen aggredi = herangehen, sich nähern, sich bemächtigen und bezeichnet – so gesehen – einen sehr wichtigen Teil des menschlichen Verhaltens, ohne den kein Mensch gedeihen kann. Ohne Aggressionen im ursprünglichen Sinne kann sich ein Säugling nicht an der Mutterbrust ernähren. Heute verstehen wir allerdings unter Aggressionen fast ausschließlich etwas Negatives, Zerstörerisches, obwohl der Begriff der Destruktion dafür sehr viel geeigneter ist, der vom lateinischen destruere = einreißen, zerstören, zu Grunde richten abgeleitet ist. Diese Unterscheidung ist keine Spitzfindigkeit, denn destruktives Verhalten entsteht nicht selten gerade aus gehemmter Aggression. Die Verteufelung der Aggression verdunkelt diesen Zusammenhang und ist für den therapeutischen Umgang mit destruktivem Verhalten nicht hilfreich.

4. Verhaltensstörungen haben Ursachen

Destruktives Verhalten gehört zu den Erscheinungsformen von Verhaltensstörungen. Es besteht aber nicht nur aus gehemmter Aggressivität, sondern hat – wie Verhaltensstörung überhaupt – vielfältige Ursachen. Wenn es auch nicht möglich ist, den Anteil der verschiedenen Ursachen diagnostisch sauber zu bestimmen, weil sich im konkreten Fall die Ursachen häufig unentwirrbar mischen, so ist es doch hilfreich, die verschiedenen Ursachen wenigstens gedanklich voneinander zu trennen.

Verhaltensstörungen können hinsichtlich ihrer Entstehung in 3 Gruppen eingeteilt werden, nämlich in
– soziogene Verhaltensstörungen,
– somatogene Verhaltensstörungen und
– psychogene Verhaltensstörungen,
die im Folgenden beschrieben werden sollen.

4.1 Die soziogenen Verhaltensstörungen

Soziogen meint, dass die Störung gesellschaftlich bedingt ist (aus lateinisch socius = Genosse und griechisch gennan = erzeugen). Ein Junge, der in einer Familie aufwächst, in der die Regeln des Islam gelten, wird erfahrungsgemäß mindestens in der ersten Zeit nach der Einschulung Schwierigkeiten haben, sich an die Gepflogenheiten in unseren Schulen zu halten. Anders als zu Hause hat nun seine Lehrerin, eine Frau, zu sagen. Darauf reagieren solche Schüler häufig zunächst mit Verhaltensweisen, die aus unserer Sicht als Störung angesehen werden müssen. Die Prognose ist im Allgemeinen gut, und es gelingt den Schülern meistens, sich an die anderen Sitten zu gewöhnen. Das dauert aber schon Wochen, zuweilen Monate und ist für die Lehrer nicht einfach zu ertragen.

Soziogene Verhaltensstörungen entstehen aber nicht nur, wenn verschiedene Kulturen aufeinandertreffen, es gibt sie auch in ein und demselben Kulturbereich. Wenn die Kinder eingeschult werden, kommen sie aus ganz verschiedenen Familien, die geradezu als verschiedene Welten zu bezeichnen sind. Wer in einer Familie aufwächst, wo ein rauer Umgangston herrscht und die Kinder untereinander sich um alles streiten müssen, um zu ihrem Recht zu kommen, der wird dieses Verhalten auch mit in die Schule bringen und dort dann als gestört auffallen und sich erst allmählich an ein anderes Verhalten gewöhnen können.

4.2 Die somatogenen Verhaltensstörungen

Viel schwerwiegender sind freilich die somatogenen Störungen, weil sie nicht einfach durch Umlernen allmählich verschwinden, sondern aus dem Körper (oder der Leiblichkeit) immer wieder neu genährt werden. Zwei Unterarten der Störungen müssen hier unterschieden werden: neurologisch sensorisch bedingte Störungen und trophogene Störungen.

4.21 Neurologisch-sensorisch bedingte Störungen

Jene Störungen, die als Folgen von aktuellen Erkrankungen und Erschöpfungszuständen entstehen, brauchen hier nicht ausführlich betrachtet zu werden, weil ihre Bedeutung für unser Thema gering ist. Neurologisch-sensorisch bedingte Verhaltensstörungen sind dagegen sehr bedeutsam und wurden früher (und vielfach auch noch heute) falsch verstanden. Gemeint ist Folgendes: die Entwicklung des Menschen beginnt, nachdem eine menschliche Eizelle und eine Samenzelle verschmolzen sind. Die in der Regel 9 Monate dauernde intrauterine Lebensphase des Menschen kann auf vielfältige Weise gestört verlaufen: Erkrankung der Mutter während der Schwangerschaft, notwendige Medikationen, Genuss von Rauschmitteln wie Alkohol und andere Drogen, das Rauchen von Tabakwaren und anderes mehr, können den Embryo und später den Fetus schwer schädigen. Schwere Schäden sind als Behinderung unter Umständen gleich nach der Geburt – oder schon vorher – erkennbar, leichte dagegen werden häufig nicht erkannt oder fälschlich mit seelischer Bedingtheit erklärt.

Ein Beispiel soll dies erläutern: Lässt man Kinder – beispielsweise die Schüler einer 2. Klasse – auf einer Gehwegskante balancieren, dann wird es welche geben, die dies gern und leicht tun, dabei lachen und anderen Kindern etwas zurufen, sich auf der Kante umdrehen und den gleichen Weg unaufgefordert zurückgehen, weil sie Spaß daran haben. Andere Kinder werden die Aufgabe zwar auch gut bewältigen, aber ihr Gesichtsausdruck ist ernst, sie können sich nicht gleichzeitig noch mit anderen Kindern unterhalten und haben offenbar kaum oder gar keinen Spaß daran. Wieder andere Kinder sind auffällig unsicher, gleiten mit einem Fuß von der Kante ab, geraten ins Wanken, machen einen unglücklichen Eindruck und sind erleichtert, wenn die Aufgabe zu Ende ist. Und es mag auch solche Kinder geben, die sich weigern, die Aufgabe überhaupt anzugehen, weil sie insgeheim wissen, dass sie sie nicht bewältigen werden. Ein Psychologe, der gewohnt ist, die Ursachen für so verschiedenes Verhalten in der Vergangenheit des Kindes zu suchen, wird vielleicht nach etwas Ängstigendem fahnden (und auch meist etwas finden), obwohl die Ursache womöglich rein somatischer Natur ist. Das Gleichgewichtsorgan im Innenohr und die Verarbeitung der dann entstehenden Reize durch das Gehirn funktioniert bei manchen Kindern nicht so sicher und schnell, wie bei anderen. Solche Kinder müssen viel mehr Aufmerksamkeit auf Aufgaben wie das Balancieren verwenden als andere, sie ermüden schneller und neigen verständlicherweise dazu, solche Aufgaben zu meiden.

Nun ist die Aufgabe, auf einer Gehwegskante zu balancieren, nur eben nicht schulüblich. Aber die Schule erwartet, dass die Schüler längere Zeit auf einem Stuhl sitzen können. Und da gibt es Schüler, die schon in der Vorschule dadurch auffallen, dass sie sich ständig bewegen und gar nicht still sitzen können. Ihre Bewegungen sind eher grob, sie toben gern, und je gröber es dabei zugeht, desto lieber ist es ihnen. Sie gelten vielleicht gar als brutal und geben Anlass zu Klagen von allen Seiten. Solche Kinder fallen in der Schule immer auf

und sind sowohl für den unterrichtenden Lehrer als auch für die Klassenkameraden und oft auch die Schüler anderer Klassen eine große Belastung. Auch hier kann man nach psychologischen Gründen suchen und wird sie vielleicht auch finden. Aber die wirkliche Ursache ist eine gestörte Selbstwahrnehmung (Propriozeption), worunter das Zusammenspiel jener Reize zu verstehen ist, die aus den Sensoren der Gelenke und der Muskulatur kommen mit der Verarbeitung dieser Reize durch das Gehirn.
Kinder, die zu wenig Reize aus dem Inneren ihres Körpers erhalten (die hinsichtlich ihrer Selbstwahrnehmung unterinformiert sind, wie die Fachleute sagen), werden versuchen, sich mehr Reize zu verschaffen. So wie schwerhörige Menschen den Fernseher lauter drehen, um alles verstehen zu können.

Diese Kinder suchen die heftige Berührung, die in die Tiefe geht. Sie toben wild, gelten im Umgang mit Klassenkameraden als roh oder gar brutal. Häufig sind sie allein schon dadurch zu beglücken, dass sie gedrückt werden. Dann ist ihr Geist wach, sie sind aufmerksam und können sich dem Unterrichtsgeschehen vorübergehend wieder zuwenden. Nun ist es zwar nicht möglich, mit solchen Schülern so einen ständigen körperlichen Kontakt zu pflegen, wie es nötig wäre. Wenn man aber von solchen Schwierigkeiten eines Schülers weiß, wird man eher nach Möglichkeiten der Berührung suchen, als wenn man von der mangelnden Selbstwahrnehmung gar nichts weiß. So ist es leicht möglich, solchen Schülern – z.B. während sie sitzen – kräftig auf die Schultern zu drücken, was viele als angenehm erleben und immer wieder haben wollen.

Es gibt – hinsichtlich der Selbstwahrnehmung – auch Kinder, die überinformiert sind. Sie erhalten eher zu viele Reize aus ihrem Körperinneren als zu wenige. Solche Kinder verhalten sich entgegengesetzt wie die Unterinformierten: Sie meiden grobe Berührungen, Sport ist ihnen eher eine Qual denn eine Lust. Sie wollen in Ruhe gelassen werden und lassen ihre Mitschüler in Ruhe, sie stören den Lehrer viel weniger als die Unterinformierten.

Für Lehrer ist es jedenfalls lohnend, sich mit solchen Störung eingehend zu befassen, weil destruktives und gewalttätiges Verhalten nicht selten darin ihre erste Ursache haben. Neurologische oder Wahrnehmungsstörungen gelangen seit einiger Zeit ins Blickfeld der Lehrer. Es ist für die Zukunft zu erhoffen, dass ein minimales Fachwissen auf diesem Gebiet von jedem Lehrer gefordert werden wird.

4.22 Trophogene (= ernährungsbedingte) Störungen

„Der Mensch ist, was er isst": diese Redensart bezeichnet genau, was gemeint ist. Rein chemisch gesehen ist der Mensch ein relativ langer Reaktionsschlauch, an dessen einem Ende die Nahrung aufgenommen wird und an dessen anderem Ende deren unverwertbare Anteile ausgeschieden werden. Wir sind gewohnt, nach unserem Geschmack zu entscheiden, was wir essen und was nicht. Aber nicht alles, was uns schmeckt, bekommt uns auch. Vieles von dem, was in der heutigen Wohlstandsgesellschaft gegessen und getrunken wird, gefährdet die Gesundheit. Auf einer Tagung zum Thema Ernährung und Schule im Jahre 1990 in Hamburg haben die dort anwesenden Schulärzte den immer schlechteren Gesundheitszustand der Schüler eindrucksvoll mit Zahlen belegt. Diese Entdeckung ist zwar nicht dramatisch, aber Ernährungsschäden sind unter anderem Spätschäden, und die Fehlernährung der Schüler wird erst in zwanzig, dreißig oder noch mehr Jahren ihre furchtbaren Wirkungen zeigen.

Eine der ersten Autoren, die auf den Zusammenhang zwischen destruktivem Verhalten und Ernährung hingewiesen haben, ist Herta Hafer. Sie behauptete, dass namentlich das als unbedenklich geltende Phosphat, das in den verschiedenen Verbindungen den Nahrungsmitteln zugesetzt wird, bei vielen Kindern und Jugendlichen zu allergischen Reaktionen führt, die mit zum Teil äußerst destruktivem, gewalttätigem Verhalten verbunden sind. Solche Kinder verändern ihr Verhalten in wenigen Tagen radikal, wenn sie eine phosphatarme Nahrung zu sich nehmen, die keine zugesetzten Phosphate enthält. Dann verschwindet die Verhaltensstörung oft wie von selbst, die Kinder werden zufriedener und fröhlicher und sind sich selbst und in ihrer Mitwelt nicht mehr im Wege.
Eine solche Diät ist nicht einfach durchzuhalten, weil sehr viele Nahrungsmittel und Getränke künstlich zugesetzte Phosphate enthalten und die davon freien Nahrungsmittel nur bei darauf spezialisierten Herstellern zu kaufen sind. Hinzu kommen die mit solcher Diät verbundenen seelischen Probleme, denn auf Geburtstagen, in Gaststätten, auf Ausflügen und vor allem auch in der Schule müssen diese Kinder auf all das verzichten, was ihnen bislang so gut geschmeckt hat: jede Art von Schokolade, auf Milch, auf die meisten Käse und auf viele Getränke wie Coca-Cola, Fanta und anderes mehr. Der Lohn solcher Verzichte ist das ungestörte Verhalten. Es gibt Kinder, die von sich aus die Diät einhalten, weil sie gemerkt haben, dass es ihnen dann viel besser geht. Aber eine solche Diät verlangt von den Kindern sehr viel, und die meisten brechen sie wieder ab, weil sie die damit verbundenen Verzichte nicht leisten können.

Das der Nahrung zugesetzte Phosphat ist aber nicht die alleinige Ursache ernährungsbedingter Störungen. So war in früheren Zeiten – auch noch im 19. Jahrhundert – Zucker eher ein Gewürz als ein Nahrungsmittel. Seitdem hat der Zuckerkonsum unglaublich zugenommen, so dass 100 oder 200 g Zucker pro Tag gar keine Seltenheit mehr sind. Vom Standpunkt der Physiologie kann der Mensch rund 20 g Zucker ohne Gefährdung seiner Gesundheit täglich zu sich nehmen. Das ist nicht viel und die meisten Schüler nehmen weit mehr als diese 20 g zu sich. Karies ist aber nur eine der Folgen des übermäßigen Zuckerkonsums. Zum Abbau von Zucker im Körper werden Vitamine des Vitamin-B-Komplexes benötigt. Wer viel Zucker zu sich nimmt, hat infolgedessen sehr schnell einen Mangel an B-Vitaminen. Diese haben aber eine Wirkung auf die Seele: Menschen mit Mangel an Vitamin B sind seelisch dünnhäutig, reizbarer als andere und neigen deshalb eher zu destruktiven Ausbrüchen als andere. Ein weitgehender Verzicht auf Zucker ist aber mindestens ebenso schwer durchzusetzen wie jener auf solche Nahrungsmittel, denen künstlich Phosphate zugesetzt worden sind. Einige Bundesländer haben inzwischen angeordnet, dass in den Schulen nur noch Vollwert-Nahrungsmittel an Schüler verkauft werden dürfen (vielfach salopp als Müsli-Erlass bezeichnet). Dies ist ein Anfang und als solcher zu begrüßen. Gleichwohl sollte auf diesem Gebiet noch viel mehr getan werden. Die Universitäten sollten auch hier den künftigen Lehrern ein Bewusstsein davon vermitteln, dass es nicht gleichgültig ist, was der Mensch isst.

4.3 die psychologisch (seelisch bedingten) Störungen
Wir Menschen haben eine Besonderheit, die uns – neben anderen Merkmalen – von den Tieren unterscheidet: Wir können und müssen nicht nur zu unserer Umwelt eine Beziehung gestalten, sondern auch zu uns selbst. Dies mag zunächst befremdlich klingen, es ist aber im Grunde gar nichts Neues, sondern uraltes Gedankengut. Jeder Mensch muss nicht nur mit den anderen Menschen, sondern auch mit sich selbst umgehen, und dies Verhältnis muss das ganze Leben

lang gestaltet werden, auch wenn die meisten sich dessen nicht bewusst sind. Anders ausgedrückt: Wir befinden uns das ganze Leben lang in einem Gespräch mit uns selbst. Und so wie wir andere Menschen lieben oder hassen können, so können wir auch uns selbst lieben oder hassen. Die Psychologie richtet ihr Augenmerk zu Recht auf die Art und Weise des Umgangs, den jemand mit sich selbst pflegt, und leitet daraus ihre therapeutischen Maßnahmen ab. Der Grundgedanke ist dabei, dass jeder Mensch der Urheber seiner eigenen – psychogenen – Störungen ist, nicht die Eltern, nicht Lehrer oder andere Menschen, sondern er selbst.

In meiner sonderpädagogischen Arbeit hat sich folgendes Vorgehen bewährt: Ich frage jeden Schüler danach, wer ihn lieb hat, weil ich mir schwer vorstellen kann, wie ein Mensch im Grundschulalter, der nicht geliebt wird, gesund aufwachsen soll. Manche Kinder antworten darauf mit „Alle" und können jene nennen, von denen sie sich geliebt fühlen. Die meisten Schüler, mit denen ich es zu tun habe, antworten jedoch eher mit einem achselzuckenden „weiß nicht" und antworten auf die Nachfrage „Mama?", „Papa?" ebenfalls mit „weiß nicht". Dies ist ein Alarmsignal, und es kann einem die Tränen in die Augen treiben, wenn man von einem Grundschüler hören muss, er wisse nicht, wer ihn lieb habe. Dann ist es viel leichter verständlich, warum dieses Kind mit seinen Mitschülern und Lehrern achtungslos, lieblos, destruktiv und gewalttätig umgeht.

Die entscheidende Frage lautet freilich nicht „Wer hat dich lieb?", sondern „Wie steht es mit dir?", „Hast du dich lieb?", „Magst du dich?". Wer sich von den Eltern, ja von allen geliebt fühlt, wird es viel leichter haben, sich selbst auch zu mögen. Und deshalb ist es nicht verwunderlich, dass jene Kinder, die auf die Frage, „Wer hat dich lieb?", „weiß nicht" geantwortet haben, auf die Frage, „Magst du dich?", entschieden mit „Nee!" antworten. Wer aber sich selbst nicht mag, der ist nicht nur selbst in großer Gefahr, sondern bringt auch seine Mitmenschen in Gefahr. In der Bibel heißt es „... Liebe deinen Nächsten wie dich selbst!". Dies kann als Forderung verstanden werden, aber auch als Beschreibung dessen, was ist. Man kann nicht erwarten, dass ein Mensch mit anderen besser umgeht als mit sich selbst. Wer sich nicht mag, der hat auch Schwierigkeiten, andere zu mögen. Jeder weiß, wie viel freundlicher und liebevoller wir mit unseren Mitmenschen umgehen, wenn wir mit uns selbst im Reinen sind. Und wie widerlich wir zu anderen sein können, wenn wir uns selbst widerlich finden. Nie wird man einen Menschen finden, der sich selbst nicht mag, sich hasst und ablehnt, aber mit seinen Mitmenschen aufrichtig freundlich und liebevoll umgeht. „Wovon das Herz voll ist, davon redet der Mund" und wer sein Herz mit Hass angefüllt hat, von dem ist nicht zu erwarten, dass er liebevoll mit seinen Mitmenschen redet.

Deshalb ist es von größter Wichtigkeit, bei Verhaltensstörungen nach der Art und Weise zu fragen, wie jemand mit sich selbst umgeht. Dies ist auch bei Schülern im Grundschulalter möglich und wichtig. Und wenn es gelingt, den Selbstumgang zu verbessern, dann wird sich auch quasi automatisch der Umgang mit den anderen verbessern. Die Verbesserung des Umgangs mit sich selbst ist folglich der goldene Weg für die Verbesserung des Umgangs mit den anderen! Die Mahnung „Sei nett zu dir!" genügt freilich nicht. Vielmehr bedarf es häufig langer geduldiger und liebevoller Arbeit, damit jemand seinen Umgang mit sich selbst zum Guten ändert.

Ein Beispiel aus der Praxis: Ich spiele mit einem Schüler Tischtennis, und immer wenn er den Ball mit dem Schläger verfehlte und der Ball neben die Platte fiel, sagte er laut

„Scheiße!". Als ich ihn frage, zu wem er denn da immer „Scheiße" sagt, meint er „Zu mir" und gibt mir damit ein Signal für eine psychopädische Intervention. Wir spielen eine Weile weiter, dann nehme ich den Ball an mich und frage ihn, was eigentlich das Gegenteil von „Scheiße" sei. Das ist nicht leicht zu sagen, aber wir einigen uns auf „Gold" und ich schlage vor, dass wir jedes Mal, wenn wir den Ball verfehlen „Scheiße!" rufen und wenn wir ihn aber treffen dann „Gold!" rufen müssen. Wir spielen weiter und rufen nun viel häufiger „Gold" als „Scheiße". Wir müssen lachen über unsere Kommentare, und die Welt sieht ein wenig verändert aus.

Die wichtigste Voraussetzung für die Verbesserung des Umgangs mit sich selbst ist freilich, dass der Helfer, sei er nun Therapeut, Pädagoge, Seelsorger oder anderes, erst einmal und vor allem mit sich selbst gut umgeht. Denn Kinder – namentlich Grundschüler – lernen über den Weg der Nachahmung viel leichter als durch Belehrung.

5. Gewalt und Destruktion in den Schulen

Beklagt wird vielfach die Zunahme von Gewalt in den Schulen. Solche Aussagen sind aber mit großer Unsicherheit verbunden. Denn es ist unmöglich, den Begriff Gewalt so eindeutig zu definieren, dass er sozusagen messtechnisch verwendet werden kann. Ob also die Gewalt in den Schulen zugenommen hat, lässt sich meiner Ansicht nach nicht sagen. Wir sind freilich noch weit entfernt von amerikanischen Schulverhältnissen.

In den vergangenen Jahrzehnten hat sich unser Umgang mit den Kindern, wie ich meine, entschieden verbessert. Kinder dürfen laut Gesetz der Bundesrepublik nicht geschlagen werden, und wenn dies auch noch keineswegs überall gelebte Wirklichkeit ist, so fordert das Gesetz von uns Eltern und Lehrern eine Art des Umgangs, die viel besser ist als jene in den vergangenen Jahrhunderten.

Aus meiner sonderpädagogisch-psychologischen Sicht ist das Auftreten von Gewalt und Destruktion immer der äußere Ausdruck einer inneren Not, sei sie nun neurologisch, ernährungsmäßig oder seelisch bedingt. Diese innere Not sieht man allerdings nicht unmittelbar. Sichtbar ist nur das destruktive Verhalten. Da verfällt man leicht in den Irrtum, dieses sichtbare Verhalten sei die Verhaltensstörung, die es therapeutisch anzugehen gilt.

Mit diesen Verhaltensstörungen ist es wie mit Zahnschmerzen: So wie der Zahnschmerz nur ein Symptom für eine Erkrankung ist, die nur von Fachleuten erkannt und behandelt werden kann, so ist auch destruktives Verhalten nur ein Symptom für eine zu Grunde liegende Störung, die meist nur von Fachleuten erkannt und behandelt werden kann. Bei schweren Verhaltensstörungen wird es deshalb nötig sein, Fachleute wie Psychologen, Psychopäden oder Sonderpädagogen zu Rate zu ziehen. Es wäre freilich wünschenswert, dass in der Ausbildung des Lehrers solche Kompetenzen wenigstens teilweise erworben werden. Ich plädiere deshalb dafür, destruktives Verhalten als Ausdruck einer inneren Not anzusehen und nach dessen Ursache zu fahnden, bevor man Maßnahmen ergreift. Denn es genügt nicht die schlichte Feststellung, dass eine Not vorliegt. Man muss sie auch kennen, um helfen zu können. Dies ist im Falle von Verhaltensstörungen nicht anders als bei Zahnschmerzen. Generelle Lösung gibt es jedoch dafür nicht, sondern nur individuelle!

6. Ausblick

Ein Trend in der Pädagogik ist die immer mehr an Bedeutung gewinnende Erkenntnis, dass jeder Mensch einzigartig ist, ein Unikat – von eineiigen Zwillingen einmal abgesehen. Kein Mensch ist deshalb mit dem Maß eines anderen zu messen, sondern hat sein Maß in sich selbst. Eine Folge von dieser

Erkenntnis ist die Abschaffung der Ziffernzensuren in der Grundschule, die sich zwar noch nicht allenthalben durchgesetzt hat, aber künftig pädagogisches Allgemeingut werden wird.

Erforderlich ist außerdem eine drastische Senkung der Schülerzahlen je Klasse, weil unser individualisiertes Menschenbild nur in sehr viel kleineren Gruppen zu verwirklichen ist. Die Sonderschulen, die nur mit jenen einzelnen Schülern zu tun haben, die aufgrund einer individuellen Behinderung mit dem Angebot der Regelschule nicht zurechtkommen, können als Vorbild angesehen werden. In 100 Jahren – falls dann noch Menschen auf dieser Erde leben – werden die Schulen anders aussehen als jetzt. Die Freiheit der Schüler, nach ihrem eigenen Maß zu lernen, wird zunehmen, die Klassen werden viel kleiner sein als heute, und viele Verhaltensstörungen, die die Organisation der Schule heute noch massiv fördert, werden sich weniger destruktiv und gewalttätig auswirken.

7. Lachen und Verhaltensstörungen

Schließlich weise ich noch auf eine einfach zu formulierende, freilich schwer zu handhabende Gesetzmäßigkeit hin: Fröhliches Lachen und Verhaltensstörung schließen einander aus. Gerade die gewalttätigen Formen von Verhaltensstörungen sind nie mit fröhlichem Lachen verbunden. Es ist deshalb gut, eine fröhliche Atmosphäre in der Schule zu schaffen. Diese ist sozusagen eine der besten Vorsorgemaßnahmen, um Gewalt und destruktives Verhalten in den Schulen, wenn schon nicht zu verhindern so doch zu verringern.

– Kinder lernen von den Erwachsenen. Sie schauen es sich ab, wie schon Friedrich Schiller gesagt hat „Wie er sich räuspert, wie er spuckt, das habt ihr (ihm) alles abgeguckt." Die Kinderpsychologin Gretel Derbolowsky beschreibt in den folgenden 2 Aufsätzen, wie Informationen Erwachsener, z.B. auch durch Kinderbücher auf Kinder wirken können und was das für das spätere Leben für Folgen haben kann. Dass die von ihr angesprochenen Bücher aus den 1960iger Jahren stammen, verringert jedoch nicht den „Nährwert" der Aussagen für unsere Auswahl aus dem heutigen Kinderbuchangebot. –

Frühkindliche Informationsgewinnung im Hinblick auf die Herkunft des Bösen[4]

Unter die sachlichen Informationen, die wir unseren Kleinkindern geben, mischen wir Informationen, die Wertungen zum Inhalt haben. Wir sagen zum Beispiel: „Jetzt ist es kalt. Du bist unartig, wenn du die Tür offen lässt." „Du bist lieb, wenn du...!", „... bist bös, wenn du...!" usw. Dabei bedeutet lieb sein so viel wie angenommen sein und böse sein so viel wie verstoßen und damit vital bedroht sein. Diese Wertungen vermittelnden Informationen erweisen sich rasch als mächtige Ketten, mit denen der Erwachsene das Kleinkind festbinden kann.

Während in frühester Lebenszeit die Übermittlung von Wertungen vermutlich unentbehrlich ist zum Schutze des Kindes, scheint sich schon sehr bald das Schwergewicht dahin zu verlagern, dass der heranwachsende kleine Mensch seine Wertungen aufgrund von eigenen Erfahrungen gewinnt. Bei

---

[4] **Autorin Gretel Derbolowsky**
In: Die Wirklichkeit und das Böse, Christians, Hamburg 1970

jener anfangs noch notwendigen Wertungsübermittlung sollte es sich allerdings niemals um Wertungen handeln, die sich auf die Persönlichkeit des Kindes beziehen, sondern nur auf Schädliches, Giftiges, Gefährliches, d.h. nur auf Sachliches und auf Verhaltensweisen.

Das Wichtigste, was Kindern von Seiten der Erzieher übermittelt werden sollte, besteht in der grundsätzlichen Bejahung des Kindes in allen seinen Lebensäußerungen. Nur im uneingeschränkten, ehrfurchtsvoll angenommen Sein kann das Kind seine Anlagen zur Entfaltung bringen. Es benötigt deshalb für alle Entfaltungsschritte die Nähe eines ihm wohlwollenden Erwachsenen. Die später in zunehmendem Maße erforderlich werdenden Beschränkungen, die zur Gestaltung von Wir-Beziehungen, zum Erlernen der lebensnotwendigen Verzichtleistungen und der Selbststeuerung erforderlich sind, dürfen sich in ihrem verneinenden Charakter niemals gegen die Person des Kindes, sondern nur gegen Ausmaß und Richtung kindlicher Aktionen richten. Sätze hingegen wie: „..., dann bist du nicht lieb" oder „..., dann mag ich dich nicht", oder „... dann bist du bös, dann bist du nicht mein Kind" säen ausnahmslos Krankheitskeime in das Kind, sind pathogen. Durch solche Abwertungen seiner Person wird ein Kind regelmäßig an einen solchen Erzieher gebunden. Das ist zwar gut für dessen Bequemlichkeit, aber es ist ein asoziales Verhalten und erzeugt zudem asoziales Verhalten. Das, was seit längerem mit Recht als autoritäre Erziehung abgelehnt wird, besteht in derartigem Vorgehen. Es beruht auf einer Selbstüberbewertung des Erziehers.
Das gefährliche an solchem Vorgehen besteht darin, dass das Kleinkind die Unsicherheit und Angst nicht erkennen kann, die dem Verhalten des autoritären Erziehers zugrunde liegt und ihn motiviert. Der autoritäre Erzieher sieht aufgrund eigener neurotischer Problematik in dem Kind einen Riesen.

Er befindet sich deshalb in einem der Realität nicht entsprechenden ständigen Abwehrkampf und versucht das Kind zu entmachten, wo immer nur möglich. Umgekehrt kann das Kind den autoritären Erzieher nur als übermächtig erkennen und erhält infolgedessen eine falsche Orientierung zur Grundlage seines gesamten antwortenden Verhaltens. Mit diesem Einwand gegen autoritäre Erziehung ist nicht gesagt, dass ein Kind keine Autorität braucht. Im Gegenteil, das Kind braucht und sucht Autorität, d.h. einen Halt, einen sicheren Lebensraum, in dem es von dem Erwachsenen uneingeschränkte Zuwendung erfährt, so dass es sein Leben ständig wagen und entfalten mag und Lust daran gewinnt, selbst erwachsen zu werden.

Sieht man von krankhaften Erscheinungen ab, die durch Übertragungsneurosen der Erzieher bedingt sind, bleiben physiologische Probleme der Informationsübermittlung an Kleinkindern bestehen. Sie finden ihre Hauptursache in der Verschiedenheit der Lebensphasen, in denen sich das Kleinkind und der Erwachsene gegenüberstehen. Betrachten wir auf der einen Seite den leiblich ausgewachsenen Menschen. Er lebt in einer Welt, wie er sie sich erschlossen und aufgebaut hat. Sein Interesse gilt seiner Produktivität und der Erhaltung all dessen, was er erreicht hat. Er hat Wissen erworben. Er kennt seine Bedürfnisse und die Wege, wie sein Hunger zu stillen ist. Er kann exakt fantasieren, logisch denken und Schlussfolgerungen ziehen. Er kann sich Ziele setzen und sie verfolgen. Er kann sich befriedigen ohne Hilfen von anderer Seite zu beanspruchen und – er kann auch verzichten. Er hat einen großen Spannungsbogen, der ihm zeitliche Verschiebungen des Befriedigens seiner Bedürfnisse erlaubt.

Auf der anderen Seite erblicken wir das Kleinkind in einer Umgebung, die ihm nahezu unvertraut ist. Es lebt nicht nur in einer mächtigen Entwicklung seiner Leiblichkeit, sondern auch in einer Welt, die dadurch wächst, dass es sich schrittweise allem Unvertrauten bemächtigt. Dieser offensive Einnistungsvorgang in die angetroffene Umwelt hinein entspricht durchaus dem Einnistungsvorgang des Menschenkeimlings in die Gebärmutterschleimhaut. Das Vordringen in die Welt vorgegebenen elterlichen Milieus stellt jedoch eine echte Irritation und Bedrohung für die elterlichen Tendenzen dar. Die kindliche Neugier mit ihren unermüdlichen kleinsten Schritten in die Welt hinein steht der elterlichen Tendenz, alles stabil zu erhalten, diametral entgegen. Das Kleinkind hat noch keine Erfahrungen, kein Wissen, keine exakte Fantasie, kann keine Ereignisse vorhersehen und Zusammenhänge noch nicht logisch erschließen. Es kann seine Notzustände noch nicht deuten und ist bei deren Aufhebung auf Hilfe von außen angewiesen. Es hat insofern ein Recht auf Liebe von außen, welches mit dem Erwachsenwerden schrittweise erlischt.

Der erwachsene Mensch hat nicht weniger Liebesbedürfnisse als das Kleinkind, aber da seine eigenen Vater- und Mutterfunktionen in seinem Inneren reif geworden sind, benötigt und erwartet er deren Aufhebung gesunderweise nicht mehr von außen her. Er erledigt die Beseitigung seiner Bedürfnisnotstände im Innern selbst. Nur dadurch ist der gesunde Erwachsene frei von Menschenfurcht und im Stande, seinen Kindern ohne Anspruchshaltung und ohne übertragungsbedingte Erwartungen als ein Liebender zu begegnen. Die Begegnung mit der Macht der von innen andrängenden Vitalität einerseits und andererseits mit den Außendingen, ihren Eigenschaften und Funktionen sowie das Sich-vertraut-Machen damit in einem elementaren Bemächtigungsprozess, ist Hauptinhalt und Hauptanliegen frühkindlichen Lebens. Ziel frühkindlicher Informationsgewinnung ist die Entwicklung innerer und äußerer Wirklichkeit. Das Kind entwickelt sein „Ich" im Sichrichten auf das, was es als außen erlebt. Wir sagen, es entwickelt sein „Ich" im Umgang mit „Ich und Du" auf das „Du" hin. Der Prozess, in dem das Kind sich seines Leibes, seiner Umwelt und aller hinüber- und herüberzielenden Funktionen bemächtigt, ist der Prozess, in dem die einmalige Welt jedes einzelnen Menschen erschaffen wird. Nur dann, wenn diese Welt späterhin in weitgehenden Einklang zu bringen ist mit dem Alltag, mit der Wirklichkeit der Gesellschaft, der der heranwachsende Mensch angehört, und mit den Lebensäußerungen der eigenen und allgemeinen Natur, nur dann sprechen wir von einer gesunden Entwicklung.

Sobald aber das Kleinkind aufgrund des geschilderten autoritären Verhaltens von Erziehern oder aufgrund analoger anderer Umstände in seinen Bemächtigungsprozessen geschädigt wird, kommt es zu Verformungen von Ich und Du und damit zu Wir-Schäden. Dann lässt die entstandene Welt dieses Menschen in etlichen Bereichen keine Konkurrenz mit der allgemein verbindlich vereinbarten Wirklichkeit zu. Dann sind es vor allem die motorischen Wertigkeiten, d.h., die Bewegungsimpulse werden nicht ausreichend in Anspruch genommen durch leibliche und soziale Funktionen. Gespanntheiten und Verkrampfungen und – von der allgemein verbindlich vereinbarten Wirklichkeit her gesehen – sinnlose Aktionen stören sowohl das „Ich" als auch das „Du" und das „Wir".

Das „Böse" tritt in Erscheinung als Ausdruck erworbener Gestörtheit. Dem Straftäter ist es nicht gelungen vollends einzutreten in die aktuelle gemeinverbindlich vereinbarte Wirklichkeit. Er handelt aus seiner verformten Privatwelt heraus. Und dort, wo solche Handlungen in die gemein verbindlich vereinbarte Welt hinein erfolgen, sind sie ohne ausreichende Beziehung, ohne ausreichende Regelungen. Sie können folglich nur als angsterzeugende Störungen erlebt werden.

Das „Böse" besteht somit auf der einen Seite aus Durchbrüchen von verdrängten Vitalitätsanteilen und auf der anderen Seite aus mangelnder Zügelung. Wir sprechen da von Verwahrlosung. Hier hat es durch die Gegnerschaft zwischen Kleinkind und Erzieher am Gegenüber für das Kleinkind gefehlt. Es hat sich nicht genügend orientieren können und daher nur unzureichend gelernt, sich zu regeln und zu beschränken. Im Hintergrund stehen, wie Alfred Adler gezeigt hat, immer Minderwertigkeitsgefühle, die genau genommen ihre tiefe Berechtigung haben. Sie weisen darauf hin, dass ihr Träger in entscheidender Lebenszeit nicht ausreichend angenommen gewesen ist, nämlich in der entscheidenden Zeit während seiner frühkindlichen Informationsgewinnung.

Vorsicht bei Kinderbüchern[5]

Mit dem Bilderbuch fängt gewöhnlich das Lesen und Schreiben und damit unsere Bildung an. Die durch Bilderbücher übermittelten, wertenden Informationen haben große Bedeutung für das spätere Lebensgefühl. Eltern und Erzieher stehen vor der verantwortungsvollen Entscheidung, welche Bilderbücher sie für ihre Kinder auswählen sollen.
Auf der einen Seite lenkt die Werbung unser Interesse. Dazu gehören die verlockenden Aufmachungen, die Bilder und die Farbigkeit. Auf der anderen Seite gibt es Buchtitel und Verfassernamen, die uns selbst noch von früher vertraut sind. Oft geben unsere eigenen Wünsche und Bedürfnisse den Ausschlag, wenn wir für andere, insbesondere für die eigenen Kinder, Geschenke auswählen. Außerdem bekommen unsere Kinder von dritter Seite Bücher geschenkt, die wir ihnen oft unbesehen überlassen, sei es aus Bequemlichkeit, aus Zeitmangel oder vielleicht aus Respekt vor dem Geber. Woran aber können und sollen wir erkennen, welche Bilderbücher dem Kind förderlich und welche ihm abträglich sind?

Bevor ich eine Antwort gebe, hier einige Beispiele:
Thomas ist 6 Jahre alt, normal entwickelt, gesund und bis vor kurzem völlig unauffällig. Seit 8 Wochen reagiert er plötzlich mit Panik, wenn er allein bleiben soll. Die Angstsymptomatik ist so heftig, dass die Eltern ihn nicht mehr allein zurücklassen und nicht mehr gemeinsam fortgehen. Ich lerne Thomas bei sich zu Hause kennen. Er wirkt lebhaft und aufgeschlossen und zeigt mir sein Zimmer, das geschmackvoll und altersgemäß eingerichtet ist. Als er die Schublade mit seinen

---

[5] **Autorin Gretel Derbolowsky**
in: Die Wirklichkeit und das Böse, Christians, Hamburg 1970

Kinderbüchern öffnet, fällt mir auf, dass er irritiert ist und sich rasch abwendet, um mit seinen Spielsachen zu spielen. Ich könne mir die Bücher ja alleine angucken.

Obenauf vor mir liegt ein Bildermärchenbuch von F. Schürmann: „Vom Moritz, der kein Schmutzkind mehr sein wollte". Ich lese darin, während Thomas mir von Zeit zu Zeit ängstliche Fragen und Blicke zuwirft, dass sich seine Eltern, Bärbel und Klaus, schreckliche Mühe mit Moritz geben, um ihn zu bessern. Moritz ist zwar freundlich und hilfsbereit, aber er wäscht und kämmt sich nicht ordentlich und spielt gerne in Pfützen. Er gerät schließlich in die Gewalt der Schmutzhexe. Nachdem im Märchenland alle Blumen vor ihm ausweichen, alle Tiere ihn auslachen, nennt die Schmutzhexe ihn gut, weil er schmutzig ist und weil er später eine Bombe ins Märchenland werfen will. So sei auch sein Herz schön schmutzig. Hier wird „schmutzig" ausdrücklich gleichgesetzt mit „böse". Unter den bösen Taten, die das Herz beschmutzen, wird – man höre und staune! – „Kinder erschrecken" an erster Stelle genannt. Welch Bekenntnis aus der Feder eines Autors, dessen Buch Kinder erschreckt. Moritz wird schließlich gerettet, indem er sich endgültig zur Sauberkeit entschließt und aller Unbekümmertheit abschwört. Ich sage zu Thomas, dass mir sein Buch überhaupt nicht gefällt. Es erleichtert ihn offensichtlich. Er erlaubt mir, dass ich es behalte. Ich schenke ihm dafür ein anderes von Astrid Lindgren ‚Jule und die Seeräuber'.

Auch dieses Bilderbuch handelt vom Thema „Schmutz". Wir lesen beispielsweise, wie Jule gerade aus der Heringsräucherei kommt und ihre Mutter sie fragt: „Was ist denn das für ein kleines Schornsteinfegerkind?" Und Großvater sagt: „Dies Kind hat jeden Tag eine andere Farbe. Gestern steckte sie die Hände in den Preiselbeertopf hinein, da war sie von oben bis unten rot, und vorgestern aß sie mit dem ganzen Körper Joghurt, da war sie überall weiß. Ich möchte mal wissen, was für eine Farbe sie morgen haben wird?" Dabei geht es keineswegs affektlos zu. Als Jule ein Weilchen allein in der Küche blieb, nahm sie die Gelegenheit wahr, ihrem Großvater, der dabei war die Küche neu zu streichen, ein bisschen zu helfen. Er brüllte wie ein Löwe, als er zurückkam und die Bescherung sah. Er war eine ganze Weile wütend auf Jule. Aber dann sagte er: „Man darf nicht vergessen, sie ist erst zwei."

Abschließend hatte ich noch eine Besprechung mit den Eltern von Thomas, denen ich die Bilderbuch-Angelegenheit erläuterte. Dabei stellte sich heraus, dass die Symptomatik begonnen hatte, kurz nachdem er das Buch zu seinem Geburtstag von seinem Patenonkel geschenkt bekommen hatte. Die Eltern hatten verstanden und informierten mich später, dass die Angstsymptomatik sofort nachgelassen hätte und nach wenigen Tagen ganz verschwunden war. Thomas ist danach symptomfrei geblieben.

Viele Kinderbücher scheinen dazu beitragen zu wollen, das Kind den Erwachsenen und ihrer Welt bzw. der Wertwelt einer bestimmten Gesellschaft zu unterwerfen, selbstverständlich in dem Glauben, dem Kind dabei zu helfen. Sobald das jedoch der Fall ist, wird das Kinderbuch zum Hilfsmittel autoritärer Erziehung. Oft, so scheint mir, ist den Autoren selbst nicht bewusst, dass sie ihre eigenen Schuldgefühle in ihr Buch hineinarbeiten, und es für Erwachsene auch ansprechend sein kann, während es für das Kind sehr abträglich ist.
Erwähnt sei auch das Buch: ‚Der schwarze Schimmel' von Ernst Heimeran (Beta Verlag München 1963). Es handelt von einem schwarzen Pferd, das lieber weiß sein wollte und sich deswegen weiß anmalt. Aber der Regen verdirbt ihm die Sache und es wird ausgelacht. Der Stallknecht reinigt es

schließlich. „Zur Strafe" muss es aber einen weißen Fleck behalten. In unserem Kulturkreis ist ein typischer Erwachsenenwunsch, weiß zu werden oder weiß zu sein, eine weiße Weste zu haben. Für Kinder hingegen ist gerade Weiß oft eine Strafe, wenn ihnen dabei „sauber bleiben" auferlegt ist.

Ein vom Kind her erlebtes Bilderbuch würde die gleiche Geschichte ganz anders schildern. Das Pferd will darin nicht anders sein, als es ist, sondern es will das Anderssein nur einmal ausprobieren. Zum Beispiel malt sich ein einfarbiges Pferd bunt an und erlebt, dass es der Regen, wenn es sich genügend vergnügt hat, schließlich wieder sauber waschen kann. Das Buch erweckt beim Anschauen und Lesen zunächst den Anschein, als ob es lebenswichtige kindliche Bedürfnisse anregt und bestätigt, nämlich sich in anderes einzufühlen, sich der Vielfalt und Verschiedenartigkeit seiner Umgebung beispielsweise dadurch zu bemächtigen, dass das Kind sich verkleidet, bemalt und anderes nachahmt. Bei näherem Zusehen führt die Tendenz dieses Buches jedoch nahezu ins Gegenteil.

In dem Buch „Swimmy" von Leo Lionie (Middelhauve Verlag, Köln) erfährt das Kind neben den Einzelheiten über verschiedene Meerestiere, wie wichtig es ist, auf Entdeckungsreise zu gehen, die Welt kennenzulernen und sich seinen Artgenossen mitzuteilen. Weiterhin erfährt das Kind, wie wichtig und nützlich es ist, sich mit anderen zu einem „Wir" zusammenzuschließen, nachdem es sich zunächst allein zurechtgefunden hatte. Swimmy, der kleine Fisch, ist anders als seine Geschwister. Das versteht jedes kleine Kind. Es kann sich mit Swimmy identifizieren, denn es erlebt sich gegenüber seinen Geschwistern und Freunden natürlich als anders. Oft aber leidet das Kind an seinem Anderssein. Swimmy ist schwarz. Seine Geschwister sind rot. Aber dann wird die Geschichte

leider verkompliziert. Denn erstens leistet Swimmy mehr als die anderen: er schwimmt schneller. Zweitens erleidet er ein Sonderschicksal. Seine Geschwister werden gefressen. Er bleibt als Einziger allein übrig, aber nicht wie ein Einzelkind, denn über Eltern wird nicht berichtet. So unternimmt er seine Erkundungswege ins Meer mit anfänglich großer Traurigkeit. Als er dann auf einen anderen Schwarm roter Artgenossen trifft, ist er drittens allen anderen zusätzlich durch seine Allein-Erfahrungen und durch größere Intelligenz überlegen.
In der von ihm geleiteten Gruppen- bzw. „Wir"-Bildung macht er sich schließlich selbst zum Führer und Auge des ganzen Schwarmes, dem er dafür die Möglichkeit vermittelt, an seinen Erfahrungen teilzunehmen und so erwirbt kein anderer Fisch von selbst irgendeine andere Funktion. Jedem wird sein Platz zugewiesen.
Hier tauchen unverkennbar überhöhte, aristokratische Tendenzen auf mit einer Gruppenbildung zulasten der untergeordneten Anderen.

Für jedes Kind gibt es die Frage und damit das Informationsanliegen an seine Bilderbücher: Wie finde ich meinen gleichwertigen Platz in der Welt? Wie kann ich mit meiner Eigenart ein zufriedenes und glückliches Glied der Gemeinschaft werden?
Die Antworten, die wir dem Kind geben, machen das Kind krank, wenn sie es dahingehend falsch informieren, dass dieses Ziel nur auf Kosten anderer erreicht werden könne, z.B. indem es andere mit besseren Leistungen übertrumpft oder andere abwertet, zurücksetzt, täuscht, arm macht, entmachtet oder isoliert. In dem angesprochenen Bilderbuch ‚Swimmy' kann das Kind eine Reihe richtiger Informationen, d.h. förderliche Antworten finden. Leider ist Swimmy aber nicht nur durch seine Farbe, sein Schicksal und seine Begabung anders. In das Anderssein wird hier Überlegensein und

eine Bevorzugung vom Schicksal gelegt. Diese Kombination erst führt zu der beherrschenden Stellung von Swimmy.

In dem Bilderbuch ‚Frederic' von Leo Lionni läuft die Schilderung eines Mäusekindes, das anders ist als seinesgleichen, weil es nicht Nüsse, sondern Worte sammelt, auf eine sozial gesündere Zielgebung hinaus. Schließlich trägt jeder der Mäuse das seine dazu bei, um die lange Winterzeit gemeinsam miteinander zu bestehen. Fragwürdig ist an dieser Geschichte lediglich, dass für das Anderssein innerhalb einer Mäusefamilie eine Eigenart gewählt wird, die in der Natur eine Maus lebensunfähig machen würde.
In dem Bilderbuch von Hilde Hoffmann ‚Steht ein bucklicht Männlein da' (Stallung, Hamburg, 1964) machen die Bilder dem Kind anschaulich, dass das Kind sich überall da selbst annehmen darf, wo es noch als „bucklicht Männlein" unvollkommen und noch mit Bemächtigungsschritten befasst ist. Ähnlich wie beim Spiel mit Puppen, trifft das Kind sich in diesem Buch nicht nur als „bucklicht Männlein" in der Kinderrolle an, sondern zugleich auch in einer Kindergestalt, die die Elternrolle spielt. Die beiden Schlussillustrationen dieses Buches zeigen seine Zielgebung auf: Das liebevolle Bündnis zwischen beiden Figuren in der Elternrolle und der Kinderrolle führt über das Bemächtigungsstadium folgerichtig zu konstruktiver Zusammenarbeit.

Zusammengefasst ist zu sagen, es gibt unter anderem die folgenden Kriterien, um förderliche Kinderbücher von abträglichen zu unterscheiden. Das für Kinder förderliche Bilderbuch vermittelt alters- und realitätsgerecht Informationen, die dem Kind
a) sein eigenes Verhalten und seine eigenen Bedürfnisse,
b) das Verhalten und die Bedürfnisse seiner Umwelt,
c) seine Möglichkeiten und

d) die Schwierigkeiten und Gefahren im Umgang mit sich und der Welt aufzeigen und verständlich machen, mit dem Ziel eigenständiger und „Wir"-fähiger Reife.

In dem für Kinder abträglichen Bilderbuch wird versucht, die jeweiligen Positionen der Erwachsenenwelt gegen die Emanzipation des Kindes zu sichern durch
a) Falschinformationen mit Verzerrung und Aufweichung der Realität,
b) Verschieben des kindlichen Interesses in irreale, fantastischen Bereiche und
c) Einpflanzung von Ängsten.
Dies geschieht im Allgemeinen dadurch, dass das für das Kind lebensnotwendige Geliebtwerden von anderen an Bedingungen geknüpft wird, die das Kind nur erfüllen kann, wenn es zu Gunsten der etablierten Ordnung seine eigene Lebendigkeit verdrängt. Auch auf diesem Weg wird der Eintritt in die Wirklichkeit verwehrt und das sogenannte „Böse" erzeugt.

– Nach Autorität streben wir, sei es um sie selbst zu haben oder um sich an einer Autorität anlehnen zu können. Doch wie oft ist das Ergebnis des Strebens nicht Autorität, sondern autoritäres Gehabe. In einem frühen Aufsatz für das Hamburger Elternblatt (1963) hat Udo Derbolowsky versucht die Unterschiede herauszuarbeiten und den Weg hin zu echter Autorität zu eröffnen. –

Zur Autorität in der Familie [6]

Wir haben schlimme Zeiten hinter uns, in denen viel die Rede war von „Autorität" und „autoritativ". Und für viele hat noch heute das Wort „Autorität" keinen guten Klang. Das ist nicht gut für uns und erst recht nicht für unsere Kinder. Doch die heranwachsenden Menschen haben ein Recht auf Autorität, die sie für ihr Gedeihen so nötig brauchen wie das tägliche Brot. Gewalttätigkeit, Herrschsucht und Tyrannei haben mit Autorität nicht das Mindeste zu tun. Also was ist denn das eigentlich, was die Heranwachsenden so nötig brauchen und was wir als Autorität bezeichnen wollen.

Heranwachsende Menschen brauchen festen Halt. Sie brauchen keinen starren oder spröden und keinen weichen oder schlaffen Halt, sondern sie benötigen eine gewisse Festigkeit ihres Lebensraumes. Sie brauchen eine stabile Grundlage, die sie trägt, die ihre Lebensäußerung aushält, ohne zu zerbrechen, und zwar auch dann, wenn diese Lebensäußerungen auf jedem Gebiet anfangs noch ungeordnet sind, wie das gar nicht anders sein kann. Wir alle räumen nur denjenigen Menschen Autorität ein, von denen wir spüren, dass sie uns

---

[6] **Autor Udo Derbolowsky** (Hamburger Elternblatt 9/1963)

Halt geben, dass sie uns unser Gedeihen ermöglichen, ohne uns dafür an sich zu binden.

Autorität besitzen heißt dementsprechend: selbst Haltung zu haben, keinen Halt mehr bei anderen zu suchen, noch insgeheim von anderen zu beanspruchen. Weiter heißt es: eine Haltung einzunehmen, die anderen festen Halt gewährt, ohne dass deshalb Besonderes geschieht, sondern einfach durch das Anwesendsein und durch ein selbstverständliches helfendes Zugreifen, Arbeiten und Handeln, wo es erwünscht oder erbeten ist.

Wenn in diesem Sinne Autorität zur Verfügung steht, gedeihen die Kinder. Da entfalten die heranwachsenden Menschen das in ihnen ruhende eigene Bild von sich selbst. Da werden sie zu dem, was ihr Bestes ist, da verwirklichen sie sich selbst. Wo Autorität fehlt, wurde sie meist durch Gewalt ersetzt. Dann werden die Heranwachsenden in Schablonen gepresst und zu Entwicklungen genötigt, die den Erwartungen ihrer Eltern oder Pädagogen entsprechen sollen und nicht unbedingt ihrer eigenen Natur.

Was das Helfen anbetrifft, so setzt Autorität voraus, dass man nicht mehr, nicht öfter und nicht besser gibt, als man gebeten wird. „Bitten" gehört nämlich zu jenen Funktionen, die es zu entfalten gilt. Das Christuswort „Bittet, so wird euch gegeben" ist ein Beleg dafür aus der Welt des Christentums. Bitten dürfen, suchen dürfen, anklopfen dürfen sind Möglichkeiten, auf die jedes Kind Anspruch hat. Wer mehr, öfter und besser gibt, als er ausdrücklich gebeten wurde, der deckt zu und erstickt sogar die Keime des Bittens. Er schädigt also das Kind und untergräbt infolgedessen seine eigene Autorität. Ist ein Kind noch so klein, dass es noch nicht selbst Bitten kann, oder ist jemand unmündig, also zum Beispiel infolge Krankheit außer Stande zu bitten, so muss er bevormundet werden. Das heißt, dass wir selbst oder andere für denjenigen stellvertretend bitten müssen. An der Weise des Gebens ändert sich dadurch nichts! Autorität wird also durch zu vieles Geben und gleichermaßen durch zu vieles Nehmen zerstört. Und Autorität entschwindet genauso bei allem zu wenig, das wir geben, nehmen oder sonst wie tun.

Aus dem Umgang, der sich zwischen Lehrern, Schülern und Eltern abspielt, sticht noch eine Erlebensweise deutlich hervor, die bestens dazu geeignet ist, Autorität zu untergraben. Es handelt sich um Ansprüche, die Erwachsene gegen die Kinder hegen, und zwar meist ohne sich selbst darüber im Klaren zu sein. Dabei geht es im Einzelnen um Folgendes:
Ein Kind versagt bei irgendetwas. Sein Vater, seine Mutter oder sein Lehrer fühlen sich dadurch gekränkt im Sinne von: „Wie kannst du mir nur, wo ich mir solche Mühe mit dir gegeben habe, jetzt so etwas antun?" Folge sind Aufforderungen wie: „Nimm dich zusammen!", „Sei fleißig!", „Sei brav!", „Sei anerkannt, auf das du mir zur Ehre gereichst, mir keinen Kummer machst!" usw. Wir springen dann nicht ein, weil jemand uns um Hilfe bittet, sondern weil wir uns selbst gefährdet oder gekränkt vorfinden. Wir beschützen und unterstützen dann nicht das Kind, sondern uns. Und wir erwarten von dem Kind, dass es unsere Hoffnungen erfüllt, anstatt dass wir ihm das reichen, was es braucht. Man spricht in diesem Zusammenhang von einer Erwartungshaltung.

Noch deutlicher wird diese Störung, wenn Lehrer und Eltern miteinander über das Kind sprechen. Sie offenbart sich dann darin, dass es zu einem Bündnis zwischen Lehrern und Eltern kommt, das gegen das Kind gerichtet ist. Sitzt das Kind bei einem solchen Gespräch mit dabei, dann hört es, wie die Vorhaltungen des Vaters oder der Mutter mit denen des Lehrers übereinstimmen. Nicht selten gipfelt so eine tragische Szene dann in der Drohung: „Warte nur mein Lieber, komm du mir erst mal nach Hause!" Natürlich ist dann alle Autorität eines solchen Elternteils und des Lehrers beim Kinde dahin. An die Stelle von Vertrauen werden Angst, Misstrauen und Minderwertigkeitsgefühle gesetzt.

In gesunden Verhältnissen ist das anders. Da fühlen sich Lehrer und Eltern als Sachwalter des ihnen anvertrauten heranwachsenden Menschen. Sie sind wie verschiedene Anwälte einer und derselben Partei, nämlich der des Schülers, um den es gerade geht. Sie sind folglich auch untereinander verbündet, weil sie Verbündete ein und desselben Schülers sind. Sie beraten miteinander, was zu tun ist, um ihn in sein Bestes zu setzen, was für Hilfen bereitzustellen oder was für Maßnahmen zu ergreifen sind, um ihn zu fördern, damit er seine aktuellen Schwierigkeiten im Miteinander mit uns überwinden kann. Wo Gegnerschaft und dann sogar Feindschaft gegen das Kind aufkeimt, und zwar immer nur, weil es unsere Hoffnungen und Erwartungen enttäuschte, regieren Blindheit und Gewalt.

Erst beim Versagen eines Kindes kann sich unsere Freundschaft zu ihm erweisen und bewähren. Darin erst strahlt Autorität, ohne deren Halt unsere Kinder nicht zu glücklichen Menschen werden können. Auf keinem Gebiet fallen Meister vom Himmel. Und wem ein Kind geboren wurde, der besitzt dadurch ebenso wenig väterliche oder mütterliche Autorität, wie sie ein Lehrer etwa allein kraft seines Examens erwirbt. Das gibt es nicht.
Autorität scheint lediglich als Frucht auf dem Boden fleißiger und zäher Arbeit an eigener Selbsterkenntnis zu wachsen. Dazu gehört nicht nur ein Wissen um die möglichen Fehler, die wir selbst auch immer wieder machen, sondern ganz besonders Entschlossenheit und Kraft, um in Zukunft auf die Wiederholung dieser Fehler zu verzichten.

– Es folgt eine kurze Beschreibung der Psychopädie, die einen Weg zu Freiheit, Harmonie und Erfolg durch den richtigen Umgang mit den Instanzen ICH – DU – GOTT aufzeigt und die von manchen als „Herzensbildung" bezeichnet wird. –

Die Psychopädie nach Dr. Udo Derbolowsky®

Wenn Sie etwas in Ihrem Leben verändern wollen
Jede erstrebte Veränderung im Außen, z.B. mehr Erfolg, mehr Anerkennung, eine bessere Beziehung oder eine Verbesserung der persönlichen Lebensumstände, ist gesetzmäßig immer erst dann möglich, wenn vorher auf der inneren Ebene des Bewusstseins und der emotionalen Vorstellung entsprechende Erkenntnis- und Wandlungsprozesse eingetreten sind – verbunden mit einer gleichzeitigen Erhöhung der verfügbaren Handlungs- und Umsetzungsenergie. Konkret meint dies: Erkennen des Mangels einer Situation, dann Erarbeiten einer klaren Zielvorstellung und völlige Identifizierung mit dem definierten Ziel, daraus resultierend der brennende Wunsch, dieses Ziel auch zu erreichen – und dann vor allem der feste Glaube daran, dass dieses Ziel auch tatsächlich erreichbar ist. Hierzu gibt es viele durchaus wirksame Techniken, wie sie in seriösen Kursen für Persönlichkeitsentwicklung und Bewusstseinserweiterung sowie in Management- und Erfolgstrainings vermittelt werden.

Die Psychopädie ist eine „Quantensprung"-Methode

Die Psychopädie ist eine in sich ausgewogene Synthese vieler wichtiger Erkenntnisse aus der Psychologie, der Psychotherapie und der Psychoanalyse. Zugleich nutzt sie aber auch das überlieferte Wissen der großen Weisheitslehren der Menschheit und ist fest verwurzelt in der gesetzmäßigen Bezogenheit zu einem liebevollen Schöpfergott. Sie ist somit ein pragmatischer, wissenschaftlich fundierter Erkenntnis-

und Einweihungsweg zur Freisetzung und Entwicklung der eigenen Persönlichkeitspotentiale.

Die Psychopädie wurde entwickelt von dem Arzt, Psychotherapeuten und bekannten Lehranalytiker Dr. Udo Derbolowsky auf der Grundlage seiner mehr als 50-jährigen Erfahrung in Praxis und Forschung. Sie ist sowohl inhaltlich als auch organisatorisch frei von irgendwelchen weltlichen oder religiösen Organisationen oder Institutionen, auch wenn sie sich mit dem Thema Gott und Gottbezug befasst. Die hohe Effizienz und Wirksamkeit der Psychopädie zeigt sich insbesondere überall dort, wo Menschen nach sinnvoller Selbstverwirklichung streben. Wo sie selbstschädigende bzw. hemmende Verhaltensmuster in sich selbst erkennen und verändern möchten, wenn sie ihr Verhältnis zu sich selbst und zu anderen Menschen – sei es im Beruf oder auch im privaten Umfeld – harmonischer gestalten wollen, und letztlich ein sinnerfüllteres und von unbeschwerter Freude erfülltes Leben anstreben, da ist Psychopädie sinnvoll und hilfreich.

Warum die Psychopädie so schnell zum Erfolg führt?
Das Besondere an der psychopädischen Vorgehensweise ist, dass sie sich nicht darauf beschränkt, psychologisch als zweckmäßig erkannte Umgangstechniken und Verhaltensweisen zu vermitteln und zu trainieren, damit man sie dann in bestimmten Problemsituationen bewusst zweckorientiert einsetzen kann. Derartige Vorgehensweisen und Techniken bleiben weitgehend rational-intellektuell gesteuert – sie werden gleichsam der vorhandenen individuellen Persönlichkeitsstruktur „übergestülpt" – ohne am emotionalen Potential im Kern der Persönlichkeit mit all seinen Prägungen und Verhaltensmustern wesentlich etwas zu verändern.

Die Psychopädie dagegen setzt immer zuerst am zentralen und für jede gewünschte Veränderung und Entwicklung wichtigsten Punkt jedes Menschen an – an seinem wahren gefühlsmäßigen Verhältnis zu sich selbst und an seinem Umgangsverhalten mit sich selbst.

Denn nur, wenn der Mensch sich seines wahren Wertes bewusst geworden ist, wenn er sich z.B. nicht nur rational auf der Verstandesebene anerkennt, sondern wenn er beginnt, ein warmes Gefühl von Liebe zu sich selbst zu empfinden, findet er Anschluss an seine Energiepotentiale und die Kraft in seinem Inneren. Erst so entsteht echtes Selbst-Vertrauen und der Glaube an sich selbst – und damit Befreiung von Blockaden im Inneren und den Beeinflussungen durch andere.

Erkenntnis als Voraussetzung für sinnvolles Handeln

Die Psychopädie fordert den nach Entwicklung strebenden Menschen direkt zu der zentralen Fragestellung an sich selbst auf:

„Wie gehe ich in bestimmten Stress- und Belastungssituationen mit mir um?", „Bin ich liebevoll zu mir, d.h., behandle ich mich achtsam und rücksichtsvoll, so wie man dies mit jemand Wichtigem tut?", „Bin ich aufmerksam mir gegenüber, achte und respektiere ich meine Gefühle und Bedürfnisse?", „Bin ich nachsichtig und geduldig mit mir?", „Akzeptiere ich mich und achte ich mich und meinen Körper so, wie ich bin?" Oder: „Fordere ich vielleicht von mir selbst immer mehr als von anderen?", „Stelle ich die Interessen anderer oft über meine eigenen bzw. bin ich immer wieder bereit Opfer zu bringen, um die Anerkennung anderer nicht zu verlieren?", „Bin ich ärgerlich auf mich, beschimpfe mich vielleicht sogar laut, wenn ich einen Fehler gemacht habe oder ‚nicht gut genug' war?", „Leide ich unter der Kritik oder auch der Gleichgültigkeit anderer?"

Weil die meisten dieser möglichen Reaktionsmuster unterhalb der Bewusstseinsschwelle ablaufen, ist die spontane richtige Beurteilung des Verhaltens zu sich vom Betroffenen selbst in der Regel nur schwer oder unvollständig möglich. Auch fehlt im Allgemeinen eine geeignete Methodik, um selbstschädigendes, erfolgshemmendes sowie Selbstzweifel und Stress erzeugendes Verhalten zu verändern. Nichtsdestoweniger liegt hier aber oft die eigentliche Ursache für eine Vielzahl von Problemen sowie Konflikt- und Krisensituationen bis hin zu Gesundheitsstörungen und ernsthaften Erkrankungen.

Die Psychopädie zeichnet sich unter anderem dadurch aus, dass sie mit einer wissenschaftlich fundierten Methodik ein zuverlässiges und leicht anwendbares Instrumentarium zum Erkennen der in einem selbst wirkenden Muster und Prägungen anbietet. Zugleich vermittelt sie effiziente Techniken, um die gewünschte Veränderung herbeizuführen.

Die ethisch-philosophische Grundlage der Psychopädie
Das Menschenbild der Psychopädie basiert im Wesentlichen auf abendländisch-christlichem Gedankengut. Es wird am besten verständlich anhand des schon vor 4000 Jahren im dritten Buch Mose verkündeten und später auch von Jesus Christus als das höchste Gebot der Menschheit verkündeten Liebesgesetzes. Es lautet: „Du sollst lieben deinen Gott, deinen Herrn, von ganzem Herzen, ganzer Seele und von ganzem Gemüte. Dies ist das vornehmste Gebot. Das andere aber ist ihm gleich: Du sollst deinen Nächsten lieben wie dich selbst. In diesen zwei Geboten hanget das ganze Gesetz." (Matth. 22, 37–40)

Es geht also bei diesem – von allen Weisheitslehren und Religionen der Welt respektierten – höchsten Gebot der Liebe um die drei Instanzen: GOTT – als den Schöpfer von allem, als die höchste Instanz, sowie dann das DU und das ICH als Instanzen mit jeweils gleicher Wertigkeit. Bedauerlicherweise ist in der Gewichtung dieser drei Instanzen im Laufe der letzten 2000 Jahre eine deutliche Akzentverschiebung eingetreten: Die Liebe zum NÄCHSTEN, zum DU wurde immer stärker betont und letztlich zum Liebesziel erhoben. Ihr musste sich die SELBST-Liebe, die Liebe zum ICH als „sündhaft" und unchristlich unterordnen und die Liebe zu GOTT wurde ersetzt durch eine GOTTES-Furcht.

Aus der Psychoanalyse ist der Zusammenhang zwischen vielen Problemen sowie Konflikt- und Krisensituationen und der Lebensgeschichte des Menschen bekannt. Negative Erfahrungsinhalte, die – meist schon in der frühen Kindheit aufgrund unseres Erziehungs- und Wertesystems – in Abhängigkeits- oder Opfersituationen gemacht wurden, haben den Eigenwert des betroffenen Menschen negativ geprägt. Sie werden aber dann vom „erwachsen Gewordenen" als reine und eigene Bewusstseinsqualität und als Wertmaßstab in Bezug auf seine Persönlichkeit und seine individuelle Wirklichkeit übernommen. Sie sind jetzt losgelöst von den ursprünglichen, die Erfahrung verursachenden Erlebnissen. Die häufigste Folge solcher nicht-bewusster Prägungen sind unter anderem Minderwertigkeitsgefühle, zwanghafter Leistungsdrang, Ängste und Unsicherheitsgefühle ganz allgemein oder auch in Bezug auf andere Menschen sowie vielfältige Formen von selbstschädigendem Verhalten – beispielsweise durch Selbstüberforderung in Beruf oder Freizeit, Mangel an Ruhepausen, falsche Ernährung, übermäßiger Genuss von Reizsubstanzen und vieles andere mehr.

Um dem ratsuchenden Menschen zu helfen, geht die Psychopädie – im Gegensatz zu den rational-linearen Methoden anderer Psychotherapieverfahren – von einem ganzheitlich-zentralen Ansatz aus, bei dem das Umgangsverhalten im Umgang mit sich selbst im Mittelpunkt steht. Oberstes Ziel psychopädischer Vorgehensweisen ist, dem Betroffenen dabei beizustehen, seine gestörte Liebesordnung und -gewichtung wieder in ausgewogene, naturgemäße Balancen zu bringen. Zur Verdeutlichung dieses Ziels verwendet die Psychopädie gleichnishaft zwei Bilder:

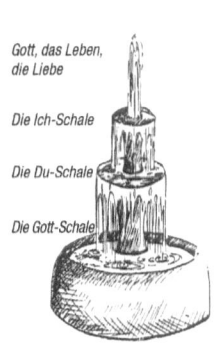 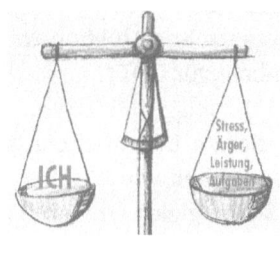

Den römischen Brunnen und eine Apothekenwaage. Bei einem solchen Brunnen stehen die drei Schalen für ICH, DU und GOTT. Das Wasser symbolisiert das „Wasser des Lebens", also die alles erfüllende Liebe unseres Schöpfergottes. An diesem Bild wird deutlich: Erst wenn die – von ihrer Größe her an sich unbedeutendste – oberste ICH-Schale mit Liebe gefüllt ist, kann sie überfließen in die darunterliegende DU-Schale. Und nur über diese Schale der Nächstenliebe kann sie wieder zurückkehren zum Ausgangspunkt aller Liebe, zu GOTT.

Die Liebe zu sich selbst ist somit die unabdingbare Voraussetzung für die Liebe zum Nächsten und zu Gott! Sie ist jedoch nicht zu verwechseln mit „Egoismus" im Sinne von rücksichtslosem Durchsetzen der eigenen Interessen! Diese irrtümliche, emotionale Gleichsetzung ist aufgrund unseres ethisch-moralischen Wertesystems leider sehr oft zu beobachten und ist wiederum deutliches Symptom für eine Vorbelastung im Umgang mit sich selbst.

Im Bild der Waage stehen die beiden Waagschalen für ICH und DU. Sie sind über den Waagebalken miteinander verbunden und haben einen zentralen Drehpunkt, der zugleich die ganze Konstruktion trägt. Der Drehpunkt steht in dieser Symbolik für GOTT.

An diesem Bild wird die gesetzmäßige Bedeutung der Ausgewogenheit von ICH, DU und GOTT deutlich: Nur wenn beide Seiten gleich schwer, d.h. gleich „wichtig", gleichermaßen bedeutsam sind und zugleich einen Bezug haben zur gemeinsamen höchsten Instanz, können Harmonie und Frieden im Inneren jedes einzelnen Menschen und damit auch in der äußeren Welt entstehen.

Die Entstehung des Begriffes Psychopädie
Der Begriff Psychopädie setzt sich aus den Worten Psycho- (griech.: psyche = Seele) und -pädie (griech.: paideia = Schulung, Erziehung, Bildung) zusammen. Ende der 60er Jahre wurde er gegen den damals schon geläufigen Begriff „Psychotherapie" abgegrenzt. Therapie heißt so viel wie Krankheitsbehandlung. Psychotherapie heißt folglich Krankheitsbehandlung mit seelischen Mitteln. Da sich gezeigt hat, dass die Anwendung seelischer Mittel bei Weitem nicht nur für die Krankheitsbehandlung in Betracht kommt, sondern aufgrund des erfolgreichen Einsatzes Allgemeingut werden

müsste, war eine Abgrenzung gegenüber dem Therapiebegriff notwendig geworden.
Psychopädie zielt demnach sinngemäß nicht auf die Krankheitsbehandlung ab, sondern sie beschäftigt sich mit den seelischen Ursachen von Lebens-, Arbeits-, Partnerschafts- und Kommunikationsproblemen. Psychopädie ist insofern eine Verhaltenserziehung und Herzensbildung, deren Ergebnisse von jedem in sein Leben und in seine Umgangsweisen mit sich selbst und dadurch auch mit anderen eingebracht werden können.

Grundannahmen der Psychopädie von Dr. U. Derbolowsky®
– Ein Mensch kann einen anderen nicht ändern, es sei denn durch Gewaltanwendung.
– Auch sich selbst kann man nur dann nachhaltig ändern, wenn der Vorsatz in liebevolle Zuwendung eingebettet ist.
– Liebe kann geübt und so vermehrt werden.
– Der Mensch ist zugleich Teil und Hologramm der Schöpfung.
– Der Mensch trägt für sich und seine Welt Verantwortung.
– Feindselige Impulse gegen sich selbst sind die Erreger, die zu psychogenen Störungen führen.
– Unausgewogenheiten in den Beziehungen zu sich selbst, zu seinem Nächsten und zu Gott sind die Ursachen psychischer Störungen.

Die Private Akademie für Psychopädie
– Erfahrung und Kompetenz –
Die Akademie wurde auf Betreiben von Dr. Jakob Derbolowsky 1988 von der Internationalen Gesellschaft für Psychopädie und Psychotherapie (IGPP) eingerichtet als Aus- und Weiterbildungsstätte für die Psychopädie nach Dr. Udo Derbolowsky®. 1996 wurde die Akademie in eine eigenständige Körperschaft umgewandelt, um so inhaltlich und wirtschaftlich unabhängig ihre Aktivitäten ausweiten zu können.
Die wissenschaftliche Leitung der Akademie obliegt seit Gründung Dr. Jakob Derbolowsky. Er ist Arzt, Psychotherapeut und Umweltmediziner. Seit 1975 ist er ununterbrochen aktiv in der Weiterbildung für Ärzte und anderer Berufe tätig. Als Gynäkologe blickt er auf eine mehr als 35-jährige Erfahrung in Klinik und Praxis zurück. Die Aktivitäten der Akademie sind:
– Vorträge und Seminare zu Themen der Psychopädie,
– Durchführung von Schulungen im Gesundheits-, Wirtschafts-, Erziehungs- und Bildungsbereich. Betreuung von sozialen Einrichtungen (Kindergärten, Pflegestätten und pflegerische Dienste),
– Ausbildung in der Psychopädie und zum Psychopäden nach Dr. Udo Derbolowsky®.
– Erstellung und Verbreitung von Schrifttum zur Psychopädie und die Anpassung der Inhalte an die jeweils neuesten Erkenntnisse und Forschungsergebnisse,
– Beratung von Betrieben und Einzelpersonen aus Wirtschaft, Gesundheit, Erziehung und Bildung und die Begleitung von Selbsterfahrung,
– in Kooperation mit qualifizierten Partnern aus dem Leistungs- und Breitensport werden Mental-Technik-Kurse durchgeführt, um durch den richtigen Einsatz der mentalen Dimension den Erfolg und vor allem auch die Freude beim Sport zu erhöhen.

Literaturhinweise

Psychopädie
Derbolowsky, Jakob: TrophoTraining® – So fühle ich mich wohl, 6. Aufl. Psychopädica, Germering, 2012
Derbolowsky, Jakob (Hrsg): Nachdenkliches, Psychopädica, Germering, 2011
Derbolowsky, Udo: Individuelle Psychoanalyse als Gruppentherapie, Haug, Heidelberg, 1982
Derbolowsky, Udo: Psychopädie nach Dr. Udo Derbolowsky, DVD, Psychopädica, Germering, 2008
Derbolowsky, Udo: Kränkung, Krankheit und Heilung, 5. Aufl. Neuromedizin, Hersfeld, 2006
Derbolowsky, Udo u. Jakob: Wer mich nicht liebt, ist selber schuld, 5. Aufl. Junfermann Paderborn 2010
Derbolowsky, Udo u. Regina: Atem ist Leben, Psychopädica, Germering, 2005
Derbolowsky, Udo u. Stephan, Eberhard: Die Wirklichkeit und das Böse, Christians, Hamburg 1970

Kindererziehung
Gesell, Arnold: Säugling und Kleinkind, Christian Verlag, Bad Nauheim 1962, 4. Aufl.
Gesell, Arnold: Das Kind von fünf bis zehn, Christian Verlag, Bad Nauheim 1962, 4. Aufl.
Gesell, Arnold: Jugend, Das Alter von zehn bis sechzehn, Christan Verlag, Nauheim 1958
Hillebrandt, M.J.: Psychologie des Lernens und Lehrens, Huber/Klett, Stuttgart, 1958
Juul, Jesper: Pubertät – Wenn Erziehen nicht mehr geht. Kösel, München 2010
Juul, Jesper: Nein aus Liebe. Kösel, München 2008
Müller-Eckhard, Hans: Erziehung ohne Zwang, Herder, Freiburg, 1962

Struck, Peter u. Würtl, Ingo: Lehrer der Zukunft – Vom Pauker zum Coach. Primus Verlag 2007
Zulliger, Hans: Umgang mit dem kindlichen Gewissen, Fischer TB 1480, Frankfurt 1989
Zulliger, Hans: Heilende Kräfte im kindlichen Spiel, Fischer TB 1280, Frankfurt 1990
Zulliger, Hans: Gespräche über Erziehung, Huber Bern, 1962
Zulliger, Hans: Die Angst unserer Kinder, FischerTB, FfM, 1996

Allgemein
Kretschmer, Ernst: Körperbau und Charakter, 12. Aufl., Springer, Berlin 1936
Schultz-Hencke, Harald: Lehrbuch der analytischen Psychotherapie, 4. Aufl., Thieme, Stuttgart, 1985
Schultz-Hencke, Harald: Der gehemmte Mensch, 6. Aufl., Thieme, Stuttgart, 1989
Leutz, Grete: Psychodrama, Springer, Heidelberg, 1974
Hutter, Christoph u. Schwehm, Helmut (Hrsg): J. L. Morenos Werk in Schlüsselbegriffen, Verlag für Sozialwissenschaften, Wiesbaden, 2009
Baumeister, Roy u. Thierney, John: Die Macht der Disziplin, Campus, Frankfurt, 2012

Adressen:
Private Akademie für Psychopädie Dr. Derbolowsky
D- 82110 Germering, www.psychopaedie.de,
mail: info@psychopaedie.de

TrophoTraining® Institut Dr. Derbolowsky
D-82110 Germering, www.trophotraining.de,
mail: info@trophotraining.de

Psychopädica Verlag u. Vertrieb
D-82110 Germering, www.psychopaedica.de,
mail: info@psychopaedica.de

www.ingramcontent.com/pod-product-compliance
Lightning Source LLC
Chambersburg PA
CBHW021140230426
43667CB00005B/195